基礎がわかる！

かぎ針で編む
かわいいモチーフ

キュートでカラフル！いろんな色で、編んで、つないで、楽しんで！

著◎寺西恵里子

日東書院

CONTENTS

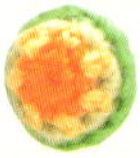

- ④ モチーフの世界へようこそ！
  - 4 お花のモチーフ
  - 6 いろいろな形のモチーフ
  - 8 立体モチーフ
- ⑩ はじめに

Lesson 1

- ⑫ お花のモチーフ
  - 13 カラフルなお花のモチーフ
- ⑱ お花のモチーフを使って
  - 18 太い糸のお花のマフラー
  - 19 お花のラリエット・カラフル 
- ⑳ お花のバリエーション
  - 20 お花のブレスレット
  - 21 お花のコースター
  - 22 お花のヘア小物
  - 23 お花のネックレス
  - 23 お花とポンポンのラリエット

Lesson 2

- ㉔ ハートのモチーフ
  - 25 カラフルなハートのモチーフ
- ㉙ ハートのモチーフを使って
  - 29 キーホルダーとストラップ
  - 30 バレンタインカード
  - 31 2枚合わせて……
  - 31 ハートのピンクッション
  - 31 ハートのモビール

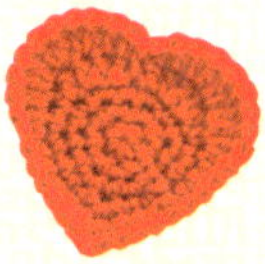

Lesson 3

- ㉜ ポンポンモチーフ
  - 33 カラフルなポンポンモチーフ
- ㊱ ポンポンモチーフのいろいろ
  - 37 ポンポンモチーフのバッグチャーム
- ㊳ ポンポンモチーフのバリエーション
  - 38 ポンポンモチーフのネックレス
  - 39 ポンポンモチーフのピアス
  - 39 ポンポンモチーフのストラップ

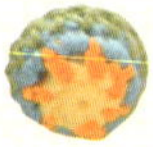

Lesson 4

- ㊵ 四角いモチーフ
  - 41 カラフルな四角いモチーフ
- ㊺ 四角いモチーフをつないで
  - 45 四角いモチーフのポットマット
- ㊻ 四角いモチーフのバリエーション
  - 46 四角いモチーフのピンクッション
  - 47 四角いモチーフのバッグ
  - 48 四角いモチーフのペットボトルカバー
  - 49 四角いモチーフのマフラー

逆引きインデックス（編み記号の見方）

この本で使われた編み記号や編み方です。編み図でわからないことがあったら、ここを見ればすぐにわかります。

Lesson 5

50 ケーキの立体モチーフ
51 カラフルなケーキの立体モチーフ

56 ケーキの立体モチーフの
　　　バリエーション
56 アイスクリーム
57 ショートケーキ・
　　ドーナツ・マカロン
58 スイーツリング
59 バッグ＆スイーツチャーム

60 立体モチーフのバリエーション
60 きのこモチーフのネックレス
61 いちごモチーフのネックレス
61 いちごモチーフのピアス
62 ミニベアモチーフ
62 ミニベアモチーフのバッグチャーム
62 ミニベアモチーフのキーホルダー
63 カラフルなミニベアモチーフ

   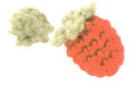

64 終わりに

	わの作り目の編み方	14
	作り目の編み方	74
○	くさり編みの編み方	14
⊤	長編みの編み方	15
⬙	長編み2目玉編みの編み方	15
●	引き抜き編みの編み方	16
⬙	長々編み3目玉編みの編み方	16
×	細編みの編み方	26
⋈	細編み2目編み入れるの編み方	27
T	中長編みの編み方	27
⋈	細編み3目編み入れるの編み方	28
V	長編み2目編み入れるの編み方	28
⋀	長編み2目1度(減らし目)の編み方	35
⬙	長編み3目玉編みの編み方	43
⬙	長編み4目玉編みの編み方	43
⬙	長々編み2目玉編みの編み方	44
⋀	細編み2目1度(減らし目)の編み方	54
×	細編みすじ編みの編み方	79
C	細編み裏引き上げ編みの編み方	79
V	中長編み2目編み入れるの編み方	79
⬙	中長編み2目玉編みの編み方	79
⬙	中長編み4目玉編みの編み方	79
⊤	長々編みの編み方	79
V	長々編み2目編み入れるの編み方	79

糸端の出し方	11
針の持ち方	11
とじ針の糸の通し方	17
糸の始末の仕方	17
糸の替え方	34
巻きかがりの仕方	70
刺しゅうの仕方	77

モチーフの世界へ
ようこそ！

お花のモチーフ

小さなかわいいお花のモチーフ
好きな色でふんわり編みましょう。

作り方 A 14ページ B 66ページ

作り方　C 67ページ　D 67ページ　E 66ページ

作り方 E F G 78ページ

立体モチーフ

コロンとかわいい立体のモチーフ
色選びも楽しいですね。

作り方　A 74ページ　B 68ページ　C 69ページ　D 76ページ

作り方　E 76ページ　F 77ページ　G 69ページ　H 74ページ　I 79ページ

はじめに

毛糸屋さんに行ったときの
どの糸にしよう……
どの色にしよう……
ワクワクする気持ちのまま
編んでみませんか。

はじめてでも大丈夫！
1つ編んでみてください。

たった1つで……
世界が広がります。

材料をそろえましょう。

毛糸　作りたいものに合わせた太さで好きな色の毛糸を選びましょう。

糸端の出し方

1 毛糸の中心に指を入れ、中心の糸を取ります。

2 取り出します。

3 糸端を探します。

針　毛糸に合わせた号数のかぎ針ととじ針を用意します。

かぎ針

とじ針

針の持ち方

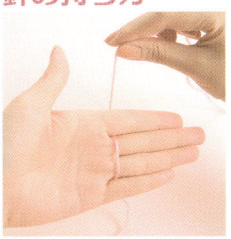

1 左手に糸を写真のようにかけます。

2 人さし指を立てて、糸端を中指と親指で糸をつまみます。

3 右手は鉛筆を持つように針を持ちます。

さあ、編み始めましょう・・・

Lesson 1
お花のモチーフ

編み物がはじめてでも大丈夫！
簡単でかわいいお花です。
好きな色で編んでみましょう。

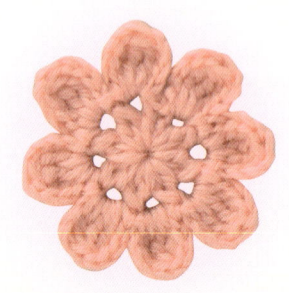

・・・ストラップに

・・・キーホルダーに

・・・ヘア小物に

作り方●ストラップ●キーホルダー●ヘア小物：65ページ

カラフルなお花のモチーフ

毛糸にある色全部
編んでみたくなりますね。

作り方●14・65ページ

お花のモチーフを編みましょう！

かわいいお花のモチーフはちょっと太めの糸で……
1工程ごとに写真で解説しているので
ゆっくり、ていねいに編んでいけば、
はじめてでもかわいいお花が編めます。

● 材料・用具 ●

🔴 毛糸
ハマナカポムビーンズ
ピンク(11)適量

🧵 針
5号かぎ針、とじ針

● 編み図 ●

「わ」から編み始めます。

1 わの作り目をし、立ち目を編みます

わの作り目：編み方は 1 ▶ 3

1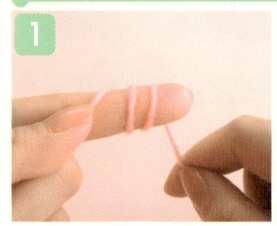
人さし指に糸を2回巻きつけ、わを作ります。

2
わの中に針を入れ、糸をかけます。

3
糸を引き出します。

くさり編み：編み方は 4 ▶ 5

4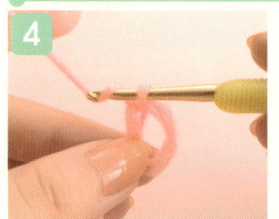
針に糸をかけます。

5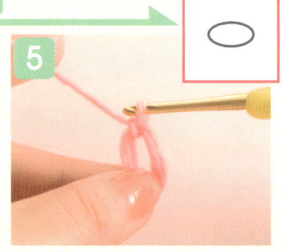
引き抜きます。
(くさり編みが1目できました)

6
もう1度針に糸をかけ、引き抜き、くさり編みを編みます。

7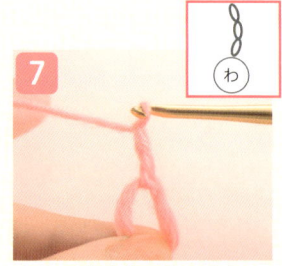
もう1度くさり編みを編み、計3目の立ち目を編みます。

2　1段めを編みます

長編み：編み方は 1 ▶ 8

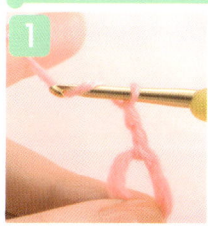
1
針に糸をかけます。

2
わに針を入れます。

3
針に糸をかけます。

4
そのまま引き抜きます。

長編み

5
針に糸をかけます。

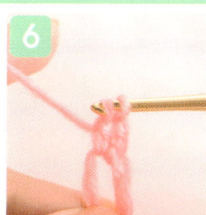
6
2目引き抜きます。

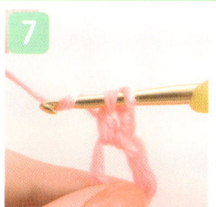
7
もう1度針に糸をかけます。

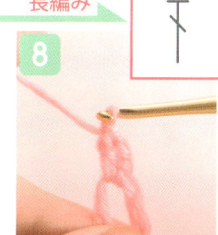
8
2目引き抜きます。
（長編みが1目できました）

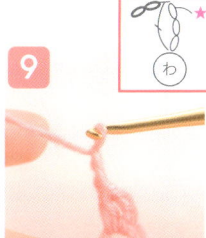
9
くさり編みを2目編みます。

長編み2目玉編み：編み方は 10 ▶ 16

10
針に糸をかけ、わに針を入れ、糸をかけます。

11
そのまま引き抜きます。

12
針に糸をかけ、2目引き抜きます。

13
針に糸をかけ、わに針を入れて、糸をかけます。

14
そのまま引き抜きます。

長編み2目玉編み

15
針に糸をかけ、2目引き抜きます。

16
針に糸をかけ、1度に引き抜きます。
（長編み2目玉編みができました）

17
くさり編みを2目編みます。

18
長編みの2目玉編み・くさり編み2目を6回、計7回くり返します。

19
わを作った糸を引き締めます。

引き抜き編み：編み方は 20 ▶ 22

3 2段めを編みます

20
はじめに作ったくさり編みの目（★）に針を通します。

21
針に糸をかけます。

22
引き抜きます。

1
前の段の長編みの上（♥）に針を入れます。

長々編み3目玉編み

2
糸をかけ、引き抜きます。

3
前の段のくさり編みの下の穴（■）に針を入れます。

4
糸をかけ、引き抜きます。

5
くさり編みを4目編みます。

6
針に糸を2回かけます。

長々編み3目玉編み：編み方は 6 ▶ 16

7
前の段のくさり編みの下の穴（■）に針を入れます。

8
針に糸をかけます。

9
そのまま引き抜きます。

10
針に糸をかけます。

11
2目引き抜きます。

長々編み3目玉編み

12
もう1度針に糸をかけます。

13
2目引き抜きます。

14
同じ穴にもう1度長々編みの最後の引き抜きの手前まで編みます。

15
14をくり返します。

16
糸をかけ、1度に引き抜きます。
（長々編み3目玉編みができました）

17
くさり編みを4目編みます。

18
同じ穴(■)に針を入れます。

19
糸をかけ、引き抜きます。

20
次の穴に(▲)に針を入れます。

21
針に糸をかけ、引き抜きます。

22
くさり編みを4目編みます。

23
長々編み3目玉編みを編みます。

24
くさり4目編みます。

25
同じ穴に針を入れ、引き抜きます。

26
17〜25を6回、計8回くり返します。

4 編み終わり、糸の始末をします

編み終わり:始末の仕方は 1 ▶ 2

1
糸を切ります。

2
かぎ針を抜き、輪に糸の端を通して引っぱります。

とじ針:糸の通し方は 3 ▶ 6

3
とじ針の側面に糸端をかけ、ぎりぎりまで引っぱります。

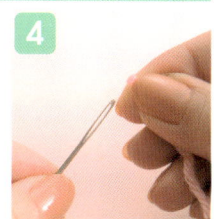
4
そのまま、とじ針を抜きます。

とじ針

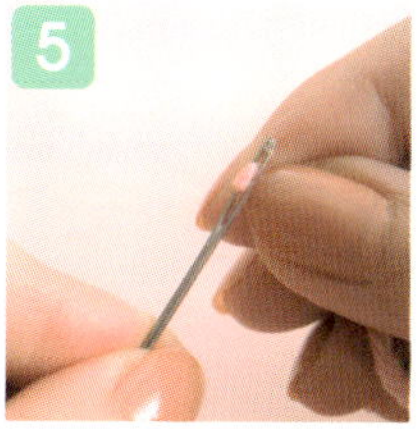

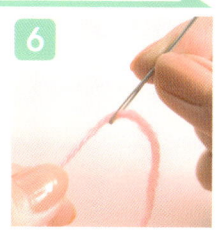
5
そのまま、糸の折り目をとじ針の穴に通します。

6
こうすると、簡単に通ります。

糸の始末:始末の仕方は 7 ▶ 9

7
とじ針で端目を、3目くらい通して縫います。

8
反対に3目くらい戻して縫います。

9
糸を切り、できあがりです。

Lesson 1

お花のモチーフを使って

太い糸のお花のマフラー

太い糸だと
10個つなげるだけでマフラーに！
色の順は好きなように……

作り方●65ページ

お花のラリエット・カラフル

好きな色で編んで
好きなように首に巻いて……
おしゃれなラリエットです。

作り方●65ページ

Lesson 1

お花のバリエーション

花びらの形を少し変えるだけでも
いろいろなお花ができます。

お花のブレスレット

長いひもの先には葉っぱが
葉っぱをお花にくるくる巻いて
とめて……

作り方●66ページ

お花のコースター

少し大きく編めばコースター
カラフルに編めば
ティータイムが楽しくなりますね。

作り方●66ページ

Lesson 1
お花のバリエーション

お花のヘア小物　ゴムにつけたり、
バレッタにつけたり
簡単にヘア小物ができます。

作り方●65～67ページ

お花のネックレス

麻糸で編んで、
アイロン用ののりで固めたら
ネックレスもできます。

お花とポンポンのラリエット

首にかけるかけ方は自由
ひもをはずせばコサージュに！

作り方●ネックレス●ラリエット：67ページ

Lesson 2
ハートのモチーフ

人気な形といったらハート！
どんな色で編んでもかわいい……
誰かにあげたくなりますね。

・・ヘア小物に ・・ネックレスに ・・アップリケに

作り方●ヘア小物●ネックレス●アップリケ：68ページ

カラフルなハートのモチーフ

いろいろな色があると
よりかわいいハートです。
残り糸で編んでもいいですね。

作り方●26・68ページ

ハートのモチーフを編みましょう！

きれいな色で編みたいハートモチーフ
中心は細編みでしっかり編みましょう。
できたらキーホルダーやストラップに。
プレゼントにもぴったりなモチーフです。

● 材料・用具 ●

🔴 毛糸
ハマナカわんぱくデニス
赤(10)適量

🪡 針
5号かぎ針、とじ針

● 編み図 ●

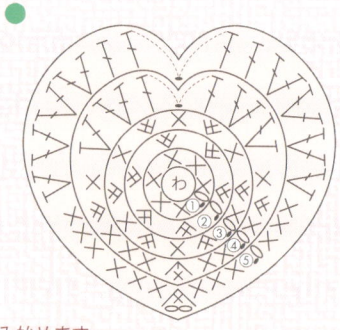

「わ」から編み始めます。

1 わの作り目をし、1段めを編みます

細編み：編み方は ３ ▶ ７

1	2	3	4

わの中に針を入れ、糸をかけます。※わの作り目の編み方は14ページ	糸を引き出し、くさり編みを1目編みます。※くさり編みの編み方は14ページ	わの中に針を入れます。	針に糸をかけます。

細編み ➡ ✕ 細編み

5	6	7	8	9
			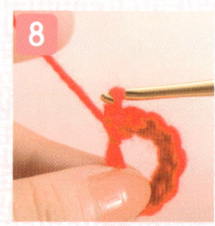	
そのまま引き抜きます。	もう1度針に糸をかけます。	そのまま2目引き抜きます。(細編みが1目できました)	細編みを5目編み、計6目編みます。	わを作った糸を引き締めます。

2 2段めを編みます

細編み2目編み入れる：編み方は 2 ▶ 4

10
はじめの細編みの目（★）に針を入れ、糸をかけ引き抜きます。
※引き抜き編みの編み方は16ページ

1
くさり編みを1目編みます。 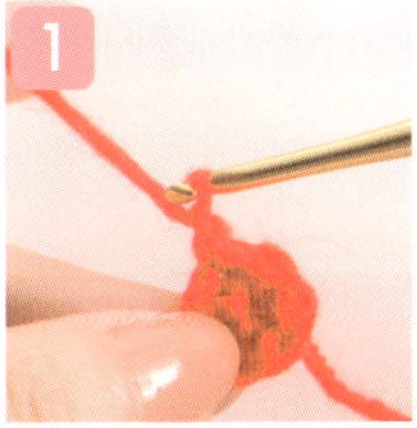
（立ち目です）

2
同じ目（♥）に針を入れます。

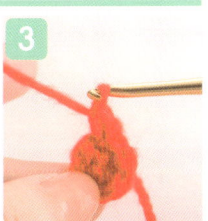

3
細編みを編みます。

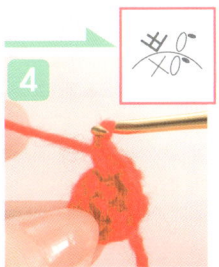

4
同じ目にもう1目細編みを編みます。
（細編み2目編み入れるができました）

5
細編み2目編み入れるを5回、計6回編みます。

6
1周編めたら、はじめの細編みの目に針を入れ、引き抜きます。

3 3段めを編みます

1
くさり編み1目（立ち目）と細編みを編みます。

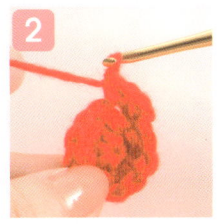

2
次の目に細編み2目編み入れるを編みます。

3
細編み・細編み2目編み入れるを5回、計6回くり返します。

4
1周編めたら、はじめの細編みの目に針を入れ、引き抜きます。

4 4段めを編みます

1
くさり編み1目（立ち目）細編みを編みます。

中長編み：編み方は 3 ▶ 5

2 
次の目に細編み2目編み入れるを1目、その次の目に細編みを1目編みます。

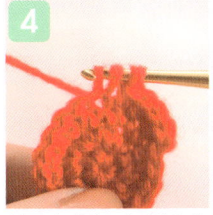

3
針に糸をかけ、次の目に入れます。

4
針に糸をかけ、引き抜きます。

5
針に糸をかけ、1度に引き抜きます。
（中長編みができました）

6
同じ目に長編みを編みます。
※長編みの編み方は15ページ

長編み2目編み入れる：

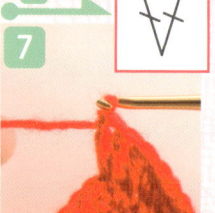
次の目に長編みを2目編み入れます。
（長編み2目編み入れるができました）

次の目に長編みを編みます。

前の段の細編みに引き抜きます。

長編みを1目、長編み2目編み入れるを1目、長編みと中長編みを編み入れるを1目を編みます。

細編みを1目、細編み2目編み入れるを1目、細編みを3目編みます。

細編み3目編み入れる：

次の目に細編みを3目編み入れます。

細編みを2目編み、はじめの細編みの目に引き抜きます。

5 5段めを編みます

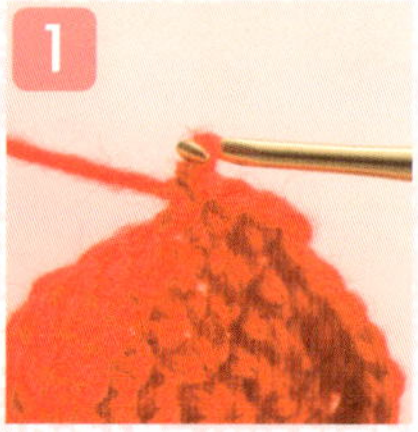

くさり編み1目（立ち目）細編みを3目編みます。

中長編みと長編みを編み入れる、長編み2目編み入れる、長編みを編み図の通りに編みます。

前の段の引き抜きに引き抜きます。

長編み、長編み2目編み入れる、長編みと中長編みを編み入れるを編み図の通りに編みます。

細編みを6目編みます。

次の目に細編みを編みます。

くさり編み2目を編みます。

細編みを6と同じ目に編みます。

細編みを3目編みます。

はじめの細編みの目に引き抜き、糸の始末をし、できあがりです。

Lesson 2

ハートのモチーフを使って

バレンタインカード

手作りのカード
手作りのハート
思いは届くはず……

作り方 ●68ページ

2枚合わせて……

2枚合わせればハートマスコットに！
ころころかわいいハートです。

ハートのピンクッション

ハートのモビール

お部屋が明るくなるモビールです。
ベビーギフトにもgood！

そのまま……
ピンクッションにもなりますね。

作り方●マスコット●モビール：68ページ

Lesson 3
ポンポンモチーフ

まん丸でかわいいポンポン……
カラフルで柄も楽しいので
たくさん作ってみたくなりますね。

・・ヘア小物に

・・キーホルダーに

・・ストラップに

作り方●ヘア小物●キーホルダー●ストラップ：69ページ

カラフルなポンポンモチーフ

色を替えながら
楽しんで編みましょう！

作り方 ● 34・69ページ

ポンポンモチーフを編みましょう！

カラフルで楽しいまん丸のモチーフです。
好きな色の組み合わせで編みましょう。
綿をしっかり詰めたら、ストラップや
アクセサリー、いろいろ作ってみましょう。

● 材料・用具 ●

🧶 **毛糸**
コットン・ノトック
きみどり(13)適量
エメラルドグリーン(5)適量
濃いピンク(3)適量　紺(4)適量

⚪ **綿**
化繊綿 少々

🪡 **針**
4号かぎ針、とじ針

● 編み図 ●

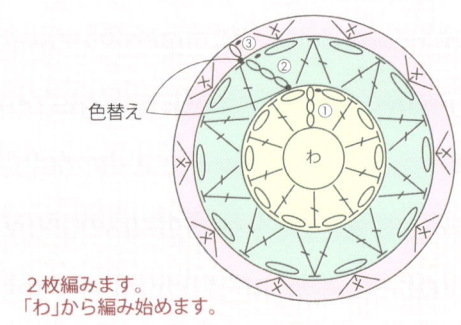

2枚編みます。
「わ」から編み始めます。

1 わの作り目をし、1段めを編みます

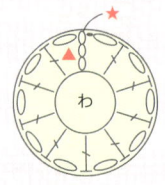

1 わの中に針を入れ、糸をかけ、くさり編みを4目編みます。
（3目は立ち目です）
※わの作り目の編み方は14ページ

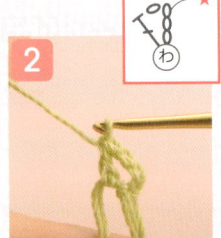

2 長編みを1目編みます。
※長編みの編み方は15ページ

3 くさり編みを1目編みます。
※くさり編みの編み方は14ページ

4 長編みとくさり編みを8回、計9回くり返します。

糸の替え方：替え方は 6 ▶ 7

5 わを作った糸を引き締めます。

6 はじめのくさり編みの目（★）に針を入れ、引き抜き、（▲）の穴に針を入れ、次の段の糸を針にかけます。
※引き抜き編みの編み方は16ページ

7 そのまま引き抜き、色を替えます。

2 2段めを編みます

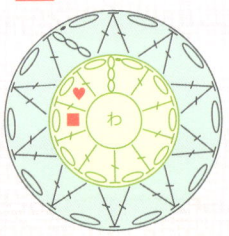

1 くさり編みを3目編みます。

長編み2目1度：編み方は 5 ▶ 7

2
針に糸をかけ、(♥)の穴に針を入れます。

3
長編みを編みます。

4
くさり編みを1目編みます。

5
針に糸をかけ、(♥)の穴に針を入れ、長編みの最後の引き抜きの手前まで編みます。

6
次の穴（■）の穴に針を入れ、長編みの最後の引き抜きの手前まで編みます。

7
針に糸をかけ、1度に引き抜きます。
（長編み2目1度ができました）

8
4〜7を8回、計9回くり返し、くさり編みを1目編みます。

9
はじめの長編みの目に針を入れ、引き抜き、色を替えます。

3 3段めを編み、もう1枚編みます

1
くさり編みを1目編み（立ち目）、(◆)の穴に細編み3目編み入れて1周し、はじめの細編みの目に引き抜きます。

4 2つを合わせます

2
同じものを2枚編みます。

1
2枚を合わせて、針を入れ、糸をかけます。

2
引き抜き、くさり編みを1目編みます。

3
細編みで1周の3/4まで編みます。

4
綿を入れます。

5
細編みで最後まで編みます。

6
くさり編みを55目編みます。

7
はじめの目に針を入れ、糸をかけて引き抜き、糸の始末をし、できあがりです。

35

Lesson 3

ポンポンモチーフのいろいろ

編み方の違いで
かわいい柄が出てきます。
好きな柄で好きな色の組み合わせで……

作り方●34・69ページ

ポンポンモチーフのバッグチャーム

好きなように……
バッグに合わせて
組み合わせましょう。

作り方●69ページ

Lesson 3

ポンポンモチーフのバリエーション

小さく作ってもかわいいですね。
アクセサリーにぴったりです。

ポンポンモチーフのネックレス

残り糸で作ってもいいですね。
好きなように作って
好きなようにつなげて……

作り方●69ページ

ポンポンモチーフのピアス

同じのを2つ作ってピアスに
まん丸がかわいいですね。

ポンポンモチーフのストラップ

色を替えれば
メンズにも！

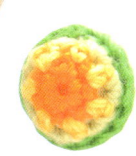

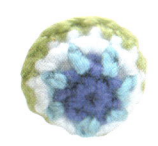

作り方●ピアス●ストラップ：69ページ

Lesson 4

四角いモチーフ

つなげやすくて編みやすい
四角いモチーフです。
中心が白いお花なのがポイント……

カップの
コースターに

花瓶敷きに

グラスの
コースターに

作り方●カップのコースター●花瓶敷き●グラスのコースター：70ページ

カラフルな四角いモチーフ

まわりの色を替えただけで
カラフルに……

作り方●42・70ページ

四角いモチーフを編みましょう！

つなげやすい四角のモチーフです。
中心にお花が入っているのがポイントです。
たくさん編んで、マフラーやインテリアマット！
いろいろチャレンジしてみましょう。

● 材料・用具 ●

🧶 **毛糸**
ハマナカポムビーンズ
黄（19）適量
白（2）適量
ブルー（9）適量

🪡 **針**
5号かぎ針、とじ針

● 編み図 ●

色替え

「わ」から編み始めます。

1 わの作り目をし、1段めを編みます

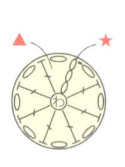

1 わの中に針を入れ、糸をかけ、くさり編みを4目編みます。
（3目は立ち目です）
※わの作り目の編み方は14ページ

2 長編みを1目編みます。
※長編みの編み方は15ページ

3 くさり編みを1目編みます。
※くさり編みの編み方は14ページ

4 長編みとくさり編みを6回、計7回くり返します。

5 はじめのくさり編みの目（★）に引き抜き、（▲）の穴に針を入れ、次の段の糸を針にかけます。
※引き抜き編みの編み方は16ページ

6 そのまま引き抜き、色を替えます。

2 2段めを編みます

1 くさり編みを3目編みます。

長編み3目玉編み 2▶4

2 針に糸をかけ、（▲）の穴に針を入れ、長編みの最後に引き抜く手前まで編みます。

42

長編み3目玉編み			長編み4目玉編み：編み方は 6 ▶ 8	
3 同じ穴に長編みの最後の引き抜きの手前まで編むを2回繰り返します。	**4** 針に糸をかけ、1度に引き抜きます。(長編み3目玉編みができました)	**5** くさり編みを3目編みます。	**6** 針に糸をかけ、次の穴（♥）の穴に針を入れ、長編みの最後に引き抜きの手前まで編みます。	**7** 同じ穴に長編みの最後の引き抜きの手前まで編むを3回くり返します。

3 3段めを編みます

8 針に糸をかけ、1度に引き抜きます。(長編み4目玉編みができました)	**9** 5〜8を6回、計7回くり返し、くさり編みを3目編み、はじめの目に引き抜き、(◆)の穴に針を入れ、次の段の糸を針にかけます。	**10** そのまま引き抜き、色を替えます。		**1** くさり編みを1目編みます。（立ち目です）

2 (◆)の穴に細編みを3目編みます。※細編みの編み方は26ページ	**3** くさり編みを1目編みます。	**4** 針に糸をかけ、(◆)の穴に針を入れ、長編みの最後の引き抜きの手前まで編みます。	**5** 針に糸をかけ、(■)の穴に針を入れ、長編みの最後の引き抜きの手前まで編みます。	**6** 針に糸をかけ、1度に引き抜き、長編み2目1度を編みます。

7 くさり編みを1目編みます。	**8** (■)の穴に細編みを3目編みます。	**9** くさり編みを1目編みます。	**10** 2〜9を3回、計4回くり返し、はじめの細編みの目に針を入れ、引き抜きます。	

4 4段めを編みます

1  くさり編みを2目編みます。
（立ち目です）

2 長編みを編みます。

3 くさり編みを2目編みます。

長編み2目玉編み 4▶5

4 針に糸をかけ、（★）の穴に針を入れ、長編みの最後の引き抜きの手前まで編みます。

長編み2目玉編み

5 同じ穴に長編みの最後の引き抜きの手前まで編み、針に糸をかけ1度に引き抜きます。
（長編み2目玉編みができました）

6 くさり編みを2目編みます。

長々編み2目玉編み 7

7 角の目に長々編みの最後の引き抜きの手前までを2目編み、針に糸をかけ、1度に引き抜きます。

8 くさり編みを2目編みます。

9 次の穴に長編み2目玉編みを編みます。

10 編み図の通りに編みます。

11 はじめの目に針を入れ、引き抜きます。

5 5段めを編みます

1  くさり編みを1目編みます。
（立ち目です）

2 細編みを1目、細編みを（▲）の穴に2目、長編み2目玉編みの上に1目、（♥）の穴に2目編みます。

3 角の目に細編み3目編み入れるを編みます。
※細編み3目編入れるの編み方は28ページ

4 編み図の通りに編み、はじめの細編み目に針を入れ、引き抜きます。

5 編み図の通りに6段めも編み、糸の始末をし、できあがりです。

Lesson 4

四角いモチーフをつないで

四角いモチーフのポットマット

4枚編んでつなげるだけ
まわりにはスカラップを……

端に糸をつけて…… 　巻きかがり……

作り方●70ページ

Lesson 4

四角いモチーフのバリエーション

小さいモチーフ
大きいモチーフ
いろいろ編んでつなげてみましょう。

四角いモチーフのピンクッション

2枚合わせて綿を入れたら
まわりをフリルに……

作り方●71ページ

四角いモチーフのバッグ

ちょっとフレンチな色がかわいいバッグです。
ちょっとしたお出かけに……

作り方●72ページ

Lesson 4

四角いモチーフのバリエーション

四角いモチーフのペットボトルカバー

小さなモチーフをカラフルに編んだら
ペットボトルカバーに！

作り方●73ページ

四角いモチーフのマフラー

オーソドックスな四角いモチーフです。
編み方は簡単！
たくさん編めばベッドカバーにも！

作り方●70ページ

Lesson 5

ケーキの立体モチーフ

小さいから、
あっという間にできます。
かわいい形と色がポイント！

・・ストラップに　　　・・ピンクッションに　　　・・キーホルダーに

作り方●ストラップ●ピンクッション●キーホルダー：74・75ページ

カラフルなケーキの立体モチーフ

お皿に載せるとおいしそうな
プチケーキです。
好きな色の組み合わせで作りましょう。

作り方 ● 52・74ページ

ケーキのモチーフを編みましょう！

立体のかわいいケーキのモチーフです。
小さいのですぐに編めます。
好きな色で作ってもいいですね。
ぜひ1度チャレンジしてみてください。

● 材料・用具 ●

毛糸
ハマナカピッコロ
白（1）、ピンク（4）、
濃いピンク（22）、
赤（6）、こげ茶（17）
各適量

綿
化繊綿 少々

針
4号かぎ針、とじ針

● 編み図 ●

カップケーキ
＊3・8段めは前段のフリルをよけて、前々段の目に針を入れます

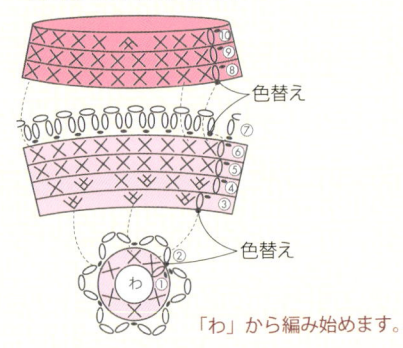

色替え
色替え
「わ」から編み始めます。

カップケーキ（底）

チェリー

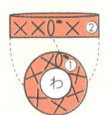

1 わの作り目をし、1段めを編みます

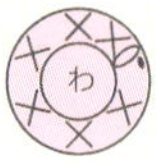

1 わの中に針を入れ、糸をかけ、くさり編みを1目編みます。
（立ち目です）
※わの作り目の編み方は14ページ

2 細編みを1目編みます。
※細編みの編み方は26ページ

3 細編みを5目、計6目編みます。

4 わを作った糸を引き締めます。

5 はじめの細編みの目に針を入れ、次の段の糸を針にかけます。
※引き抜き編みの編み方は16ページ

6 そのまま引き抜き、色を替えます。

2 2段め（フリル）を編みます

1 くさり編み3目編みます。

2 次の目に針を入れます。

3 3段めを編みます

3 糸をかけ、引き抜きます。

4 1〜3を5回、計6回くり返します。

5 はじめの目に戻ったら、糸を切り、わの中に通し、引っぱります。

1 フリルをよけて、1段めの目に針を入れ、3段めの糸をかけます。

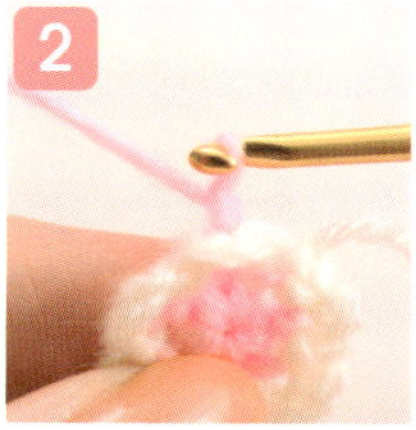

4 4段めを編みます

2 くさり編みを1目編みます。
（立ち目です）

3 同じ目に細編み2目編み入れるを編みます。

4 次の目から、細編み2目編み入れるを5回、計6回くり返し、1周します。

5 はじめの細編みの目に針を入れ、引き抜きます。

5 5・6段めを編みます

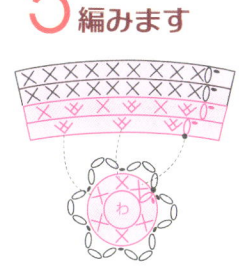

1 くさり編みを1目編みます。
（立ち目です）

2 同じ目に細編み2目編み入れるを編みます。

3 次の目に細編みを編みます。

4 2、3をくり返し1周し、はじめの細編みの目に針を入れ、引き抜きます。

6 7段め（フリル）を編みます

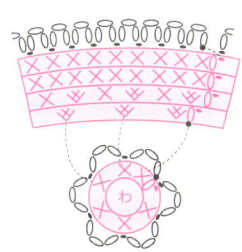

細編みで2段編み、最後の引き抜きで次の段の糸に替えます。

1 くさり編みを3目編みます。

2 次の目に針を入れ、引き抜きます。

3 1、2をくり返し、はじめの目に戻ったら、糸を切り、わの中に通し、引っぱります。

7 8・9段めを編みます

1  6段めの裏目に針を入れ、8段めの糸をかけます。

2 くさり編みを1目編みます。（立ち目です）

3 同じ目に細編みを編みます。

4 細編みで1周し、8段めを編みます。

5 細編みでもう1周し、9段めを編みます。

8 10段めを編みます

1  くさり編みを1目編みます。（立ち目です）

2 細編みを3目編みます。

細編み2目1度 3▶7

3 次の目に針を入れます。

細編み2目1度

4 糸をかけ、引き抜きます。

5 次の目に針を入れます。

6 糸をかけ、引き抜きます。

7 針に糸をかけ、1度に引き抜きます。（細編み2目1度が編めました）

8 ②〜⑦をくり返し、はじめの細編みの目に針を入れ、引き抜きます。

9 底を編みます

1  編み図の通りに1段めを編みます。

2 編み図の通りに2段めを編みます。

10 綿を入れ、とじます

1  綿を入れます。

11 チェリーを作ります

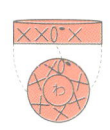

1 編み図の通りに1段めを編みます。

2 底を合わせて、とじ針で目をすくいます。

3 巻きかがりで縫いつけます。

4 底をつけます。

12 チェリーをつけます

1 チェリーの糸にとじ針をつけ、ケーキの中心の目をすくいます。

2 編み図の通りに2段めを編みます。

3 1目ごとに縫います。

4 糸を引き、絞ります。

2 糸を引き、チェリーを縫いつけます。

3 チェリーの軸の糸を底からチェリーの中心に通します。

4 手芸用又は木工用ボンドを軸に塗ります。

5 そのまま乾かします。

6 乾いたら、切って、できあがりです。

55

Lesson 5

ケーキの立体モチーフのバリエーション

作ろうと思えばどんな形でもできます。
パティシエになったつもりで……

アイスクリーム

アイスとコーンのバランスがいいですね。
何アイスから作りましょう。

作り方●74ページ

ショートケーキ・ドーナツ・マカロン

小さいけれど……
本物っぽくてかわいいスイーツ
楽しんで作りましょう。

作り方●ショートケーキ●ドーナツ●マカロン：74・75ページ

57

Lesson 5

ケーキの立体モチーフのバリエーション

スイーツリング

かわいく編んだら、リングに！
つけているだけでハッピーなリングです。

作り方●75ページ

バッグ&スイーツチャーム

太い糸でざっくり編んだミニバッグに
好きなスイーツを飾りましょう。

作り方 ●バッグ ●チャーム：75ページ

Lesson 5

立体モチーフのバリエーション

細編みで編めば
どんな形も簡単にできます。
オリジナルにもチャレンジを！

きのこモチーフのネックレス

かわいいきのこはカラフル
ストラップやキーホルダーにも……

作り方●76ページ

いちごモチーフのネックレス

たくさんつけもかわいいし……
葉っぱがたくさんでもかわいいし……
オリジナルに仕上げてもいいですね。

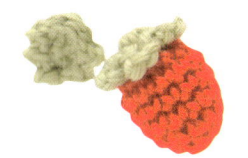

いちごモチーフのピアス

ゆらゆらゆれる
かわいいいちごのピアスです。

作り方●ネックレス●ピアス：76ページ

Lesson 5　立体モチーフのバリエーション

ミニベアモチーフ

人気の小さなベアです。
細編みだけで作るので意外と簡単……
お友だちにも作ってあげましょう。

ミニベアモチーフのバッグチャーム

バッグやお洋服に合わせて
色を替えてもいいですね。

ミニベアモチーフのキーホルダー

金具をつけるだけ……
いつでもそばに……

作り方●バッグチャーム●キーホルダー：77ページ

カラフルなミニベアモチーフ

好きな色で編んであげて……
プレゼントもいいですね。

作り方●77ページ

終わりに

編むのが楽しくて
使うのが楽しいモチーフに
色を加えました。

色選びが楽しいモチーフ編みの世界
いかがでしたか。

たった1枚のモチーフが
見せてくれる世界

楽しんで作ってください。

手作りの楽しさ
味わってもらえたら……

小さな作品に
大きな願いを込めて……

p④ ⑫ ⑬ ㉒ お花のモチーフ&アクセサリーアレンジ

● 材料・用具 ●

毛糸:[ハマナカポムビーンズ]白(2)・クリーム(19)・やまぶき(6)・ピンク(11)・濃いピンク(17)・オレンジ(8)・ブルー(9)・青(3)・きみどり(4)・グリーン(16)・深緑(13)・ベージュ(14)・こげ茶(15) 各適量　5号かぎ針、とじ針
ストラップパーツ:きみどり 1本　キーホルダーリング:ゴールド 1個　ヘアゴム:黒 1本　ボタン:黄 1個
バレッタ:シルバー 1本

● 作り方 ●

※編み図・作り方はP14～17、お花のモチーフと同じ

アクセサリーアレンジ

お花のモチーフ

ストラップパーツ
きみどり
端の目に通す

キーホルダーリング
ブルー

後ろで縫いつける
ヘアゴム
白
ボタン
ピンク
2枚重ねて、縫いつける

バレッタ
黄
後ろで縫いつける
オレンジ
ベージュ

p⑱ 太い糸のお花のマフラー

● 材料・用具 ●

毛糸:[ハマナカカナディアンスリーエス]ピンク(12)20g、グリーン(7)・黄(10)・青(8)・白(1)・パープル(14)・ブルー(9)・赤(13)・紺(15) 各10g
[ハマナカわんぱくデニス]白(1) 適量
10号かぎ針、とじ針

● 作り方 ●

※編み図・作り方はP14～17、お花のモチーフと同じ
※はじめのわの作り目は、糸が切れやすいためわんぱくデニスを使用しています

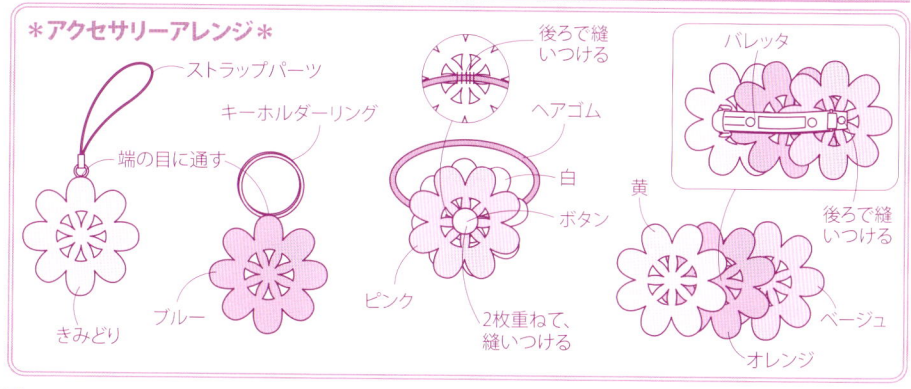

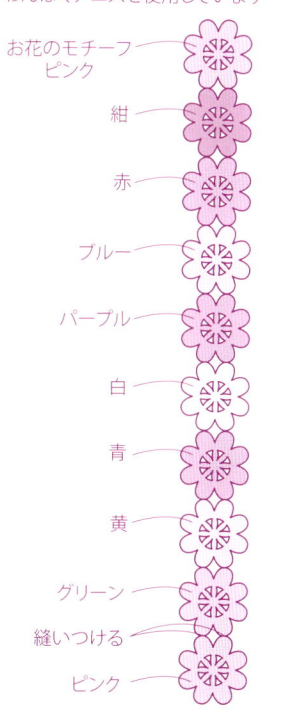

お花のモチーフ
ピンク
紺
赤
ブルー
パープル
白
青
黄
グリーン
縫いつける
ピンク

p⑲ お花のラリエット・カラフル

● 材料・用具 ●

毛糸:[ハマナカポムビーンズ]グリーン(16)10g、クリーム(19)・ピンク(11)・濃いピンク(17)・やまぶき(6)・ブルー(9)・青(3)・きみどり(4)・白(2) 各適量
5号かぎ針、とじ針

● 編み図 ●

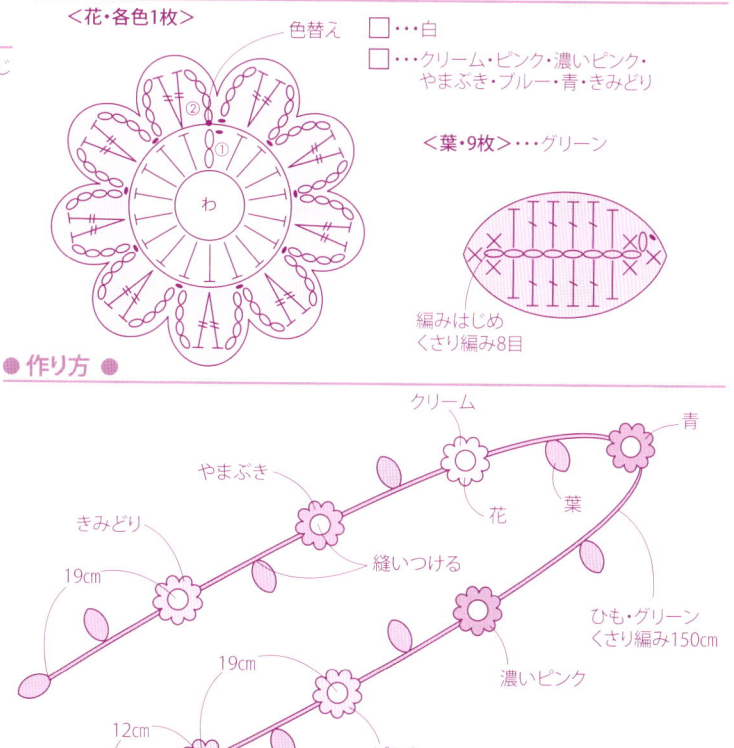

<花・各色1枚>
色替え
わ
□…白
□…クリーム・ピンク・濃いピンク・やまぶき・ブルー・青・きみどり

<葉・9枚>…グリーン
編みはじめ
くさり編み8目

● 作り方 ●

クリーム
青
やまぶき
花
葉
きみどり
縫いつける
19cm
ひも・グリーン
くさり編み150cm
19cm
濃いピンク
12cm
ピンク
ブルー

p20 お花のブレスレット

● 材料・用具 ●

毛糸:[ハマナカウオッシュコットン<クロッシェ>]水色(109)・白(102)・グリーン(108) 各適量
3号かぎ針、とじ針

● 編み図 ●

<花大>
＊5段めは前段の穴(♥)に針を入れます

□…白
□…水色

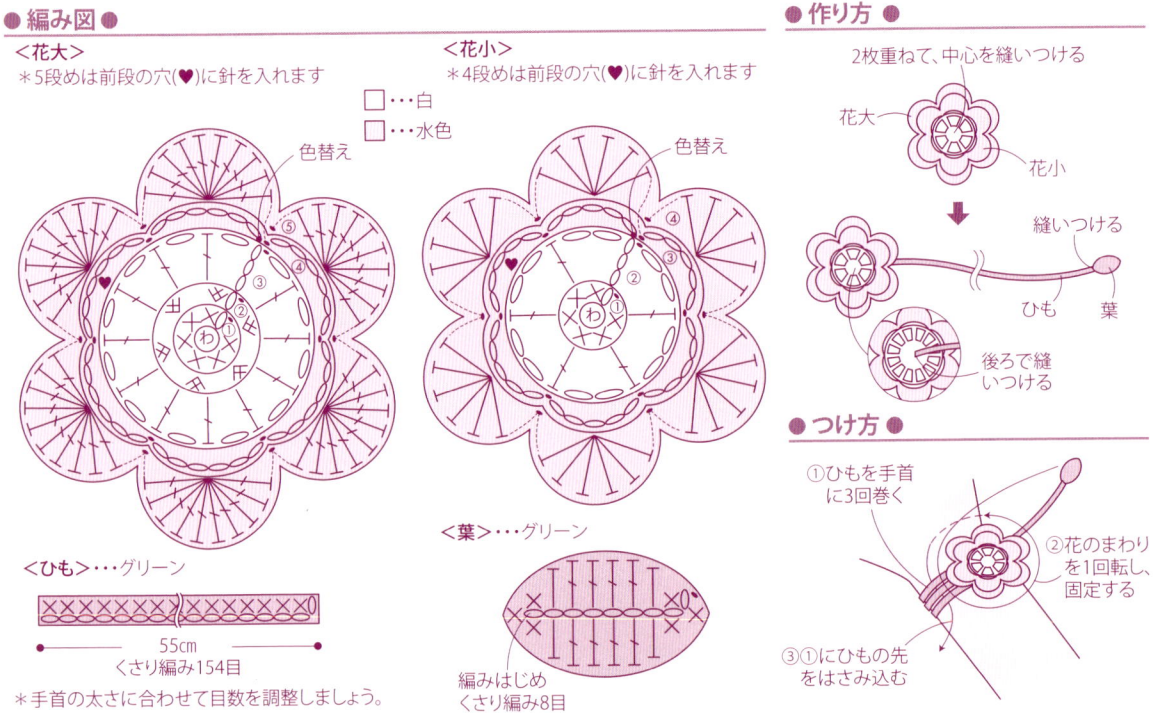

<花小>
＊4段めは前段の穴(♥)に針を入れます

<ひも>…グリーン
55cm
くさり編み154目
＊手首の太さに合わせて目数を調整しましょう。

<葉>…グリーン
編みはじめ
くさり編み8目

● 作り方 ●

2枚重ねて、中心を縫いつける
花大
花小
縫いつける
ひも
葉
後ろで縫いつける

● つけ方 ●

①ひもを手首に3回巻く
②花のまわりを1回転し、固定する
③①にひもの先をはさみ込む

p5 21 お花のコースター

● 材料・用具 ●

毛糸:[ハマナカわんぱくデニス]ピンク(9)・黄(43)・きみどり(53)・水色(47)・パープル(49)・ベージュ(31)・グレー(34) 各5g
5号かぎ針、とじ針

● 編み図 ●

＊3・4段めは前段の穴(♥)に針を入れます

糸をつける

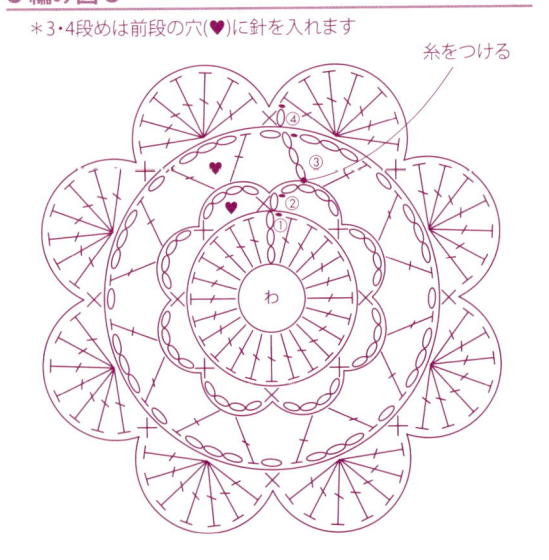

p4 22 お花のモチーフ＆アクセサリーアレンジ

● 材料・用具 ●

毛糸:[ハマナカわんぱくデニス]ピンク(9)・きみどり(53)・水色(47)・パープル(49)・オレンジ(44) 各適量
5号かぎ針、とじ針　ヘアゴム:黒 1本

● 編み図 ●

<花小>…パープル・オレンジ
<花大>…ピンク・きみどり・水色

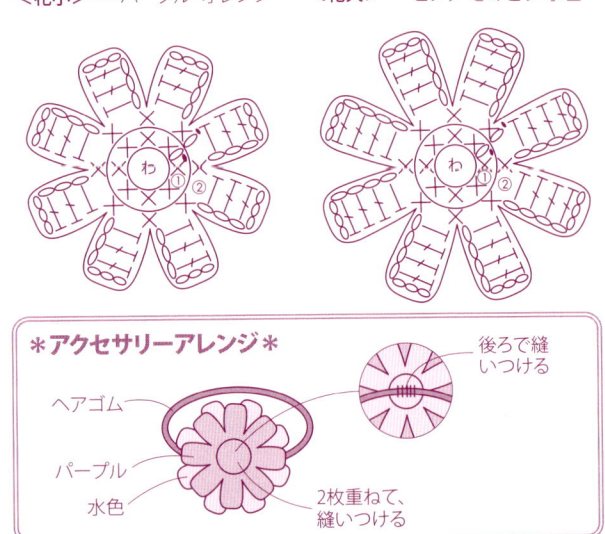

＊アクセサリーアレンジ＊

後ろで縫いつける
ヘアゴム
パープル
水色
2枚重ねて、縫いつける

p5 22 23 お花のモチーフ＆お花のネックレス＆アクセサリーアレンジ

● 材料・用具 ●

毛糸：[ハマナカポムビーンズ]ピンク(11)・ブルー(9)・濃いピンク(17) 各適量　[ハマナカ亜麻糸<リネン>]白(1) 適量
5号かぎ針、とじ針　ネックレス：シルバー 45cm 1本　丸カン：シルバー 1個　カチューシャ：茶 1本

● 編み図 ●

※4段めは前段の穴(♥)に針を入れます

＊アクセサリーアレンジ＊

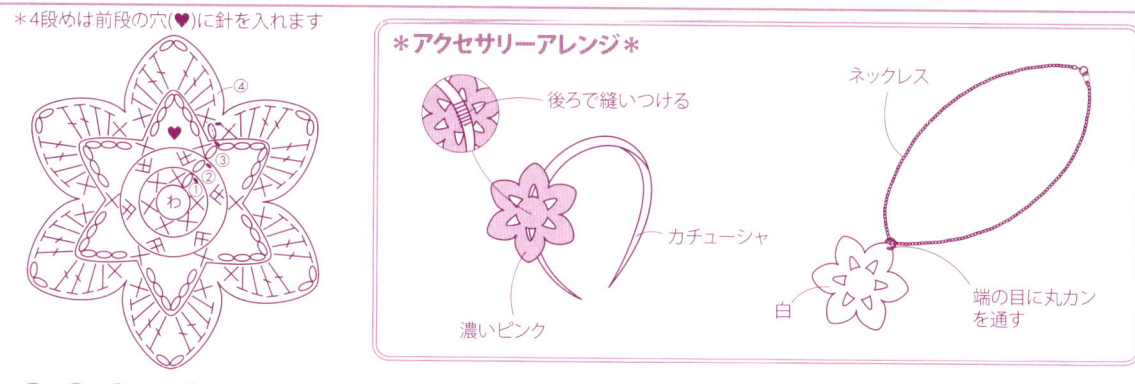

後ろで縫いつける
カチューシャ
濃いピンク
ネックレス
白
端の目に丸カンを通す

p5 22 23 お花のモチーフ＆お花とポンポンのラリエット ＆アクセサリーアレンジ

● 材料・用具 ●

毛糸：[ハマナカピッコロ]濃いピンク(22)・ブルー(23) 各5g　[ハマナカポムビーンズ]ピンク(11) 5g、グリーン(16) 適量
[ハマナカポーム<無垢綿>ベビー]白(11) 5g　5号かぎ針、とじ針　化繊綿：少々
ヘアゴム：黒 1本　コーム：シルバー 1本

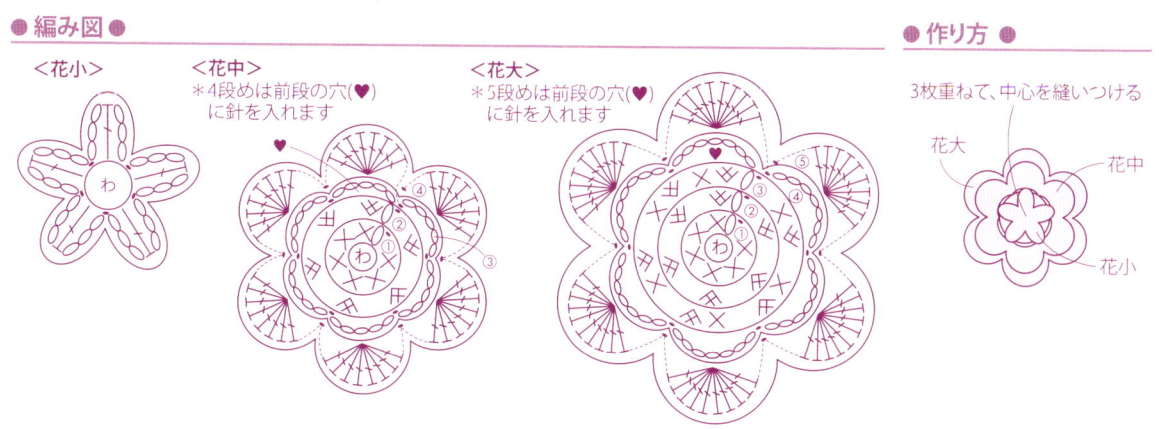

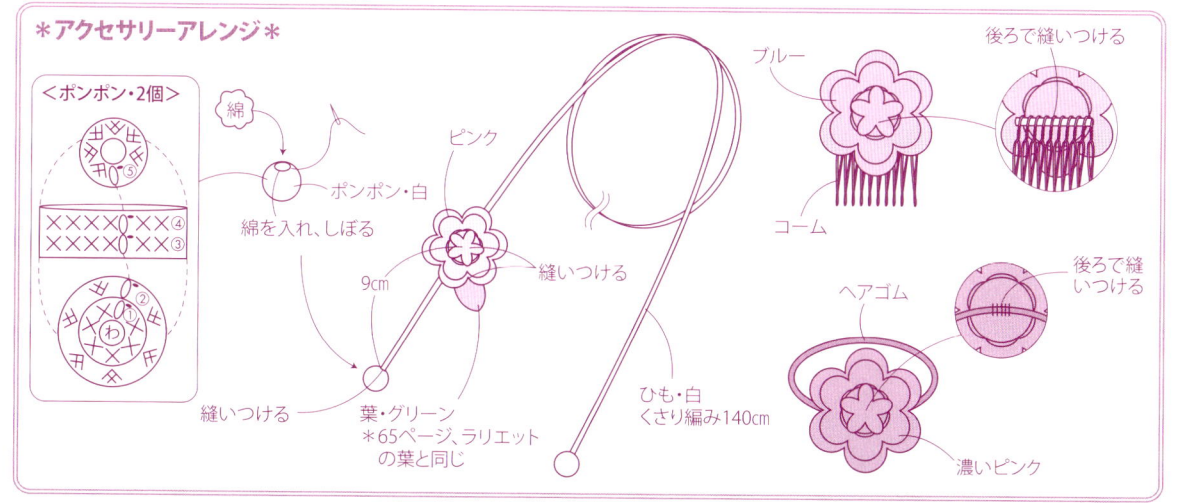

● 編み図 ●

<花小>　<花中>※4段めは前段の穴(♥)に針を入れます　<花大>※5段めは前段の穴(♥)に針を入れます

● 作り方 ●

3枚重ねて、中心を縫いつける
花大
花中
花小

＊アクセサリーアレンジ＊

<ポンポン・2個>
綿
ポンポン・白
綿を入れ、しぼる
ピンク
9cm
縫いつける
葉・グリーン
※65ページ、ラリエットの葉と同じ
ひも・白
くさり編み140cm
ブルー
後ろで縫いつける
コーム
ヘアゴム
後ろで縫いつける
濃いピンク

67

p6 8 24 25 29 31 ハートのモチーフ＆ハートのモビール ＆小物・アクセサリーアレンジ

● 材料・用具 ●

毛糸：[ハマナカわんぱくデニス]白(2)・黄(43)・ピンク(9)・赤(10)・きみどり(53)・水色(47)・青(8)・紺(11)・パープル(49)・ベージュ(31)・グレー(34) 各適量　5号かぎ針、とじ針　化繊綿：適量
ストラップパーツ：ピンク・きみどり・ブルー 各1本　キーホルダーリング：ゴールド 2個、シルバー 1個　ネックレス：ゴールド45cm 1本　丸カン：ゴールド 1個　コーム：シルバー 1本　アルミワイヤー[太さ0.3cm]：75cm

● 作り方 ●

※編み図、作り方はP26〜28、ハートのモチーフと同じ

アクセサリーアレンジ

ハートのモチーフ
ストラップパーツ
端の目に通す
赤・きみどり・パープル
キーホルダーリング
端の目に通す
黄・ピンク・水色
黄
後ろで縫いつける
コーム
ネックレス
パープル
端の目に丸カンを通す

2枚合わせて…ハートのマスコット＆ピンクッション

綿
綿を入れ、巻きかがり

アップリケに…

フェルト
ピンク
たてまつり

モビール

アルミワイヤー75cmを2回丸く巻き、所々セロハンテープでとめる
支柱
12cm
支柱に毛糸を巻く
白
白50cm
結びつける
ハートのマスコット
5本まとめて固く結ぶ
結びつける
水色
ピンク
パープル
黄
きみどり
7cm
16cm
26cm
※好きなバランスで作りましょう

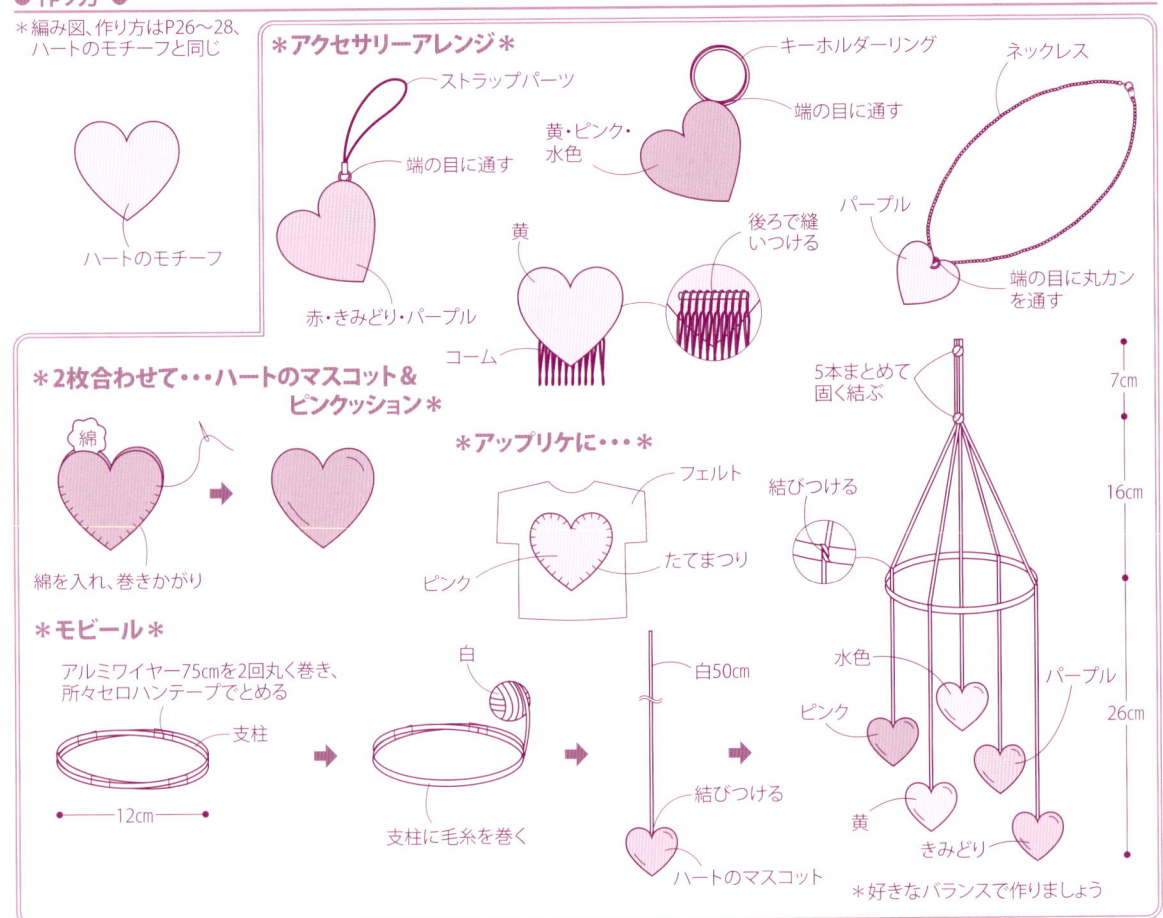

p30 バレンタインカード

● 材料・用具 ●

毛糸：[ハマナカコットンノック]エメラルドグリーン(5)・赤(14)・紺(4) 各適量　4号かぎ針、とじ針
紙：白・ゴールド 各適量　ラインストーン[3・4mm]：シルバー 適量

● 作り方 ●

※編み図、作り方はP26〜28、ハートのモチーフと同じ

ハートのモチーフ
紺
紙・白
ラインストーン(4mm)
ラインストーン(3mm)
ボンドで貼る
赤
顔料ペン(ゴールド)で描く
顔料ペン(白)で描く
紙・ゴールド
14cm
10cm
二つ折り

紙・ゴールド
ラインストーン(3mm)
ラインストーン(4mm)
エメラルドグリーン
ボンドで貼る
11cm
11cm
二つ折り
顔料ペン(白)で描く

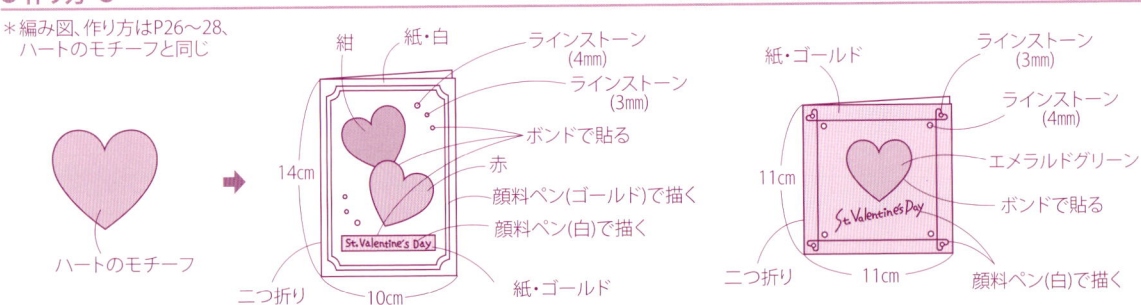

p⑧⑨㉜㉝㊱〜㊴ ポンポンモチーフ＆アクセサリーアレンジ

● 材料・用具 ●

毛糸：[ハマナカコットンノック]白(16)・黄(12)・オレンジ(11)・ピンク(2)・濃いピンク(3)・水色(15)・エメラルドグリーン(5)・紺(4)・きみどり(13)・濃いきみどり(18)・深緑(6)・ベージュ(7)・薄茶(8)・こげ茶(9) 各適量　4号かぎ針、とじ針　化繊綿：少々
ストラップパーツ：ピンク・黒 各1本　丸カン：シルバー 1個、ゴールド 2個　キーホルダーパーツ：ゴールド 1個
ヘアゴム：黒 1本　ピアスパーツ：ゴールド 1組　革ひも[0.3cm幅]：95cm

● 編み図 ●

<1>

＊編み図、作り方はP34・35、ポンポンモチーフと同じ

	A	B
①	ピンク	水色
②	水色	エメラルドグリーン
③	濃いきみどり	ベージュ
④	薄茶	濃いピンク

	C	D
①	オレンジ	黄
②	白	ピンク
③	ピンク	オレンジ
④	黄	エメラルドグリーン

<2> ＊4段めは前段の穴(♥)に針を入れます
＊<2〜4>の作り方はP34・35、ポンポンモチーフと同じ
⑤2枚合わせて、細編み1周
色替え

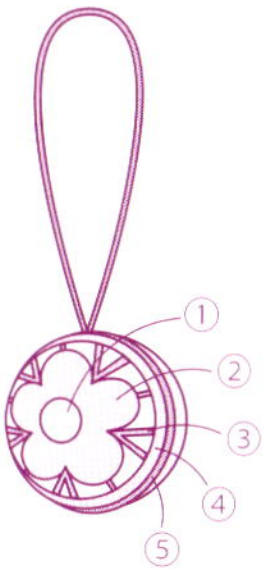

	A	B	C
①	白	ピンク	黄
②	ピンク	濃いピンク	水色
③	きみどり	白	白
④	ベージュ	きみどり	きみどり
⑤	オレンジ	ベージュ	ピンク

<3> ＊3・4段めは前段の穴(♥)に針を入れます
⑤2枚合わせて、細編み1周
色替え

	A	B	C	D
①	白	水色	黄	エメラルドグリーン
②	ピンク	エメラルドグリーン	白	黄
③	濃いピンク	紺	オレンジ	ピンク
④	ベージュ	ベージュ	きみどり	白
⑤	深緑	濃いピンク	ピンク	紺

<4> ＊3段めは前段の穴(♥)に針を入れます
②2枚合わせて、細編み1周
色替え

	A	B
①	オレンジ	黄
②	黄	水色
③	きみどり	ピンク
④	濃いきみどり	ベージュ

	C	D
①	こげ茶	紺
②	薄茶	エメラルドグリーン
③	ベージュ	水色
④	濃いピンク	深緑

	E	F
①	水色	黄
②	きみどり	オレンジ
③	黄	エメラルドグリーン
④	紺	深緑

	G
①	ピンク
②	黄
③	オレンジ
④	濃いピンク

＊アクセサリーアレンジ＊

ストラップパーツ
端の目に通す
<3>C ＊ひもなし
ひも・紺 くさり編み 9cm
丸カン
縫いつける
4cm
ひも・濃いピンク くさり編み 6cm
<4>E
D＊ひもなし Eのひもを縫いつける
ひも・濃いピンク くさり編み 15cm
縫いつける
ひも・薄茶 くさり編み 11cm
9cm
<3>B
<1>B ＊ひもなし <3>Bのひもを縫いつける
キーホルダーパーツ
端の目に通す
<2>B ＊ひもなし
ヘアゴム
<1>B ＊ひもなし
後ろで縫いつける
革ひも
結ぶ
<4>G
縫いつける
8cm
E
F 7cm
A
C
5cm D
<1>A
U字ピアス
丸カン
縫いつける
ひも・ベージュ くさり編み 2cm
<4>B

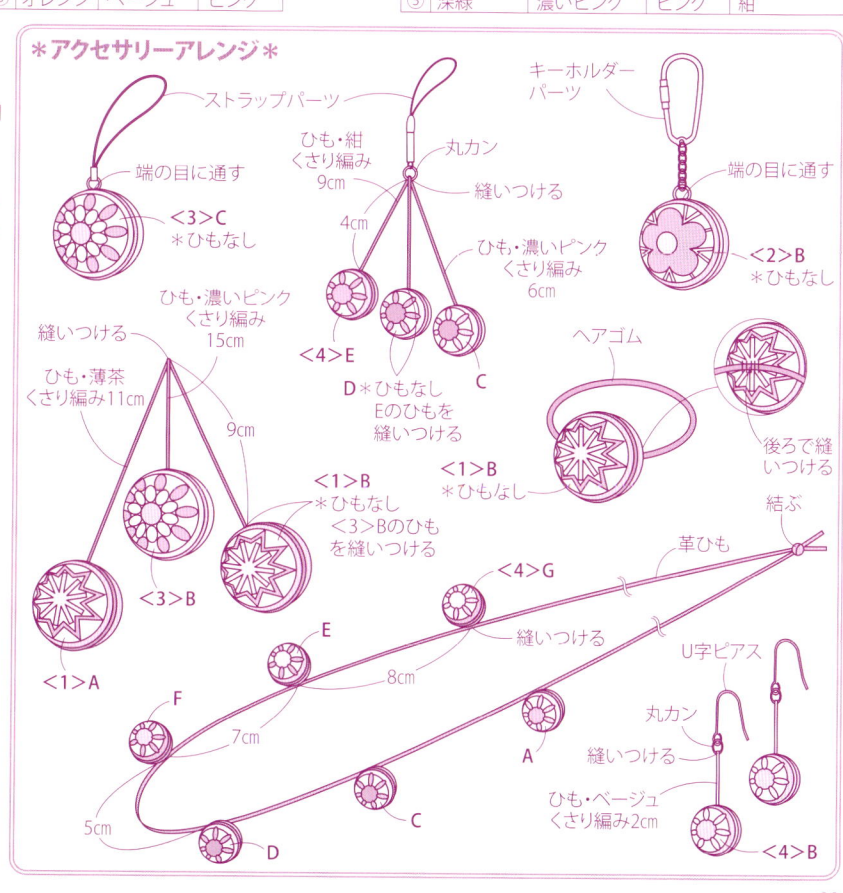

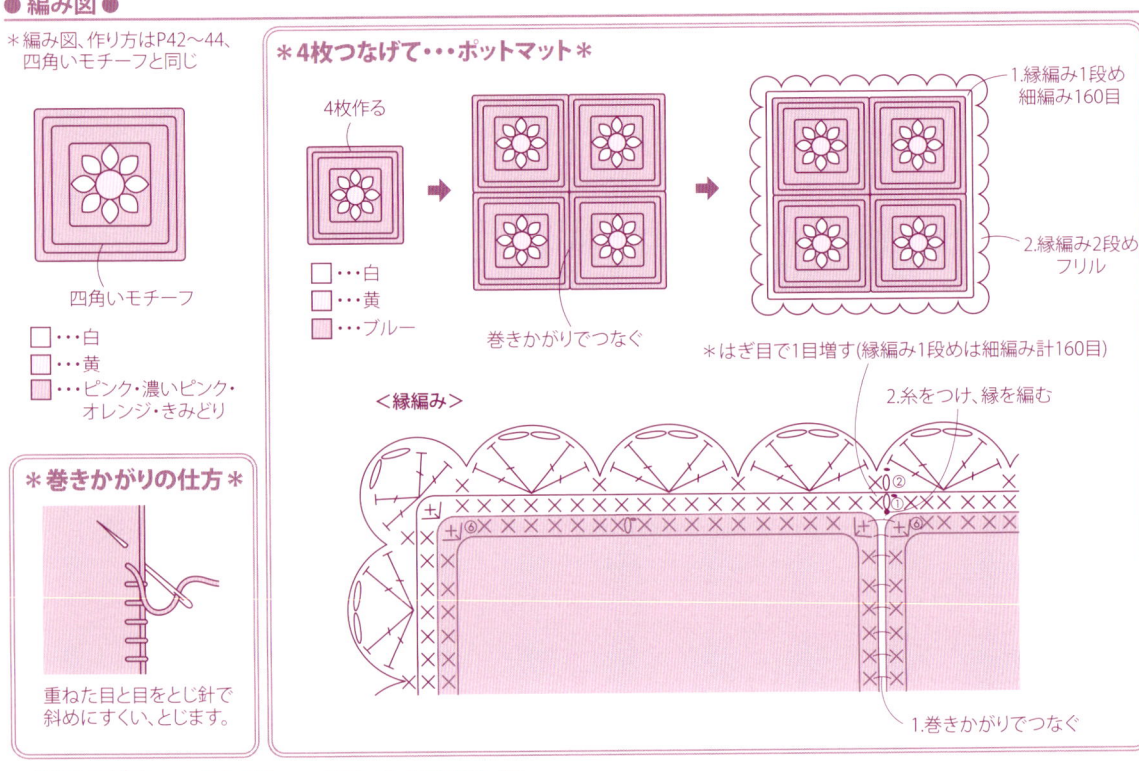

p40 41 45 カラフルな四角いモチーフ＆四角いモチーフのポットマット

● 材料・用具 ●

毛糸：[ハマナカポムビーンズ]ブルー(9) 20g、白(2) 15g、クリーム(19)・ピンク(11)・濃いピンク(17)・オレンジ(6)・きみどり(4) 各適量　5号かぎ針、とじ針

● 編み図 ●

＊編み図、作り方はP42〜44、四角いモチーフと同じ

四角いモチーフ
- □ … 白
- □ … 黄
- □ … ピンク・濃いピンク・オレンジ・きみどり

＊4枚つなげて…ポットマット＊

4枚作る
- □ … 白
- □ … 黄
- □ … ブルー

巻きかがりでつなぐ

1. 縁編み1段め 細編み160目
2. 縁編み2段め フリル

＊はぎ目で1目増す（縁編み1段めは細編み計160目）

2. 糸をつけ、縁を編む

1. 巻きかがりでつなぐ

＊巻きかがりの仕方＊

重ねた目と目をとじ針で斜めにすくい、とじます。

<縁編み>

p49 四角いモチーフのマフラー

● 材料・用具 ●

毛糸：[ハマナカポムビーンズ]薄茶(14) 20g、ピンク(11)・濃いピンク(17)・クリーム(19)・オレンジ(6)・濃いオレンジ(8)・ブルー(9)・青(3)・きみどり(4)・グリーン(16)・深緑(13) 各10g　5号かぎ針、とじ針

● 編み図 ●

<モチーフ・各色3枚>
- □ … 薄茶
- □ … ピンク・濃いピンク・クリーム・オレンジ・濃いオレンジ・ブルー・青・きみどり・グリーン・深緑

色替え

7cm

● 作り方 ●

ピンク　ブルー　クリーム　濃いオレンジ　きみどり

巻きかがりでつなぐ

濃いピンク　青　オレンジ　グリーン　深緑

＊3枚作る

巻きかがりで3枚つなぐ

14cm

105cm

p46 四角いモチーフのピンクッション

● 材料・用具 ●

毛糸：[ハマナカ純毛中細]ブルー(16) 10g、水色(15)・ピンク(14)・クリーム(6) 各適量
3号かぎ針、とじ針　　化繊綿：少々　　木綿地：水色 20cm×10cm　　パールビーズ[7mm]：白 1個

● 編み図 ●

<本体・2枚>
＊3・4・5段めは前段の穴(♥)に針を入れます
色替え
88目

□…クリーム　■…ピンク
□…水色　■…ブルー

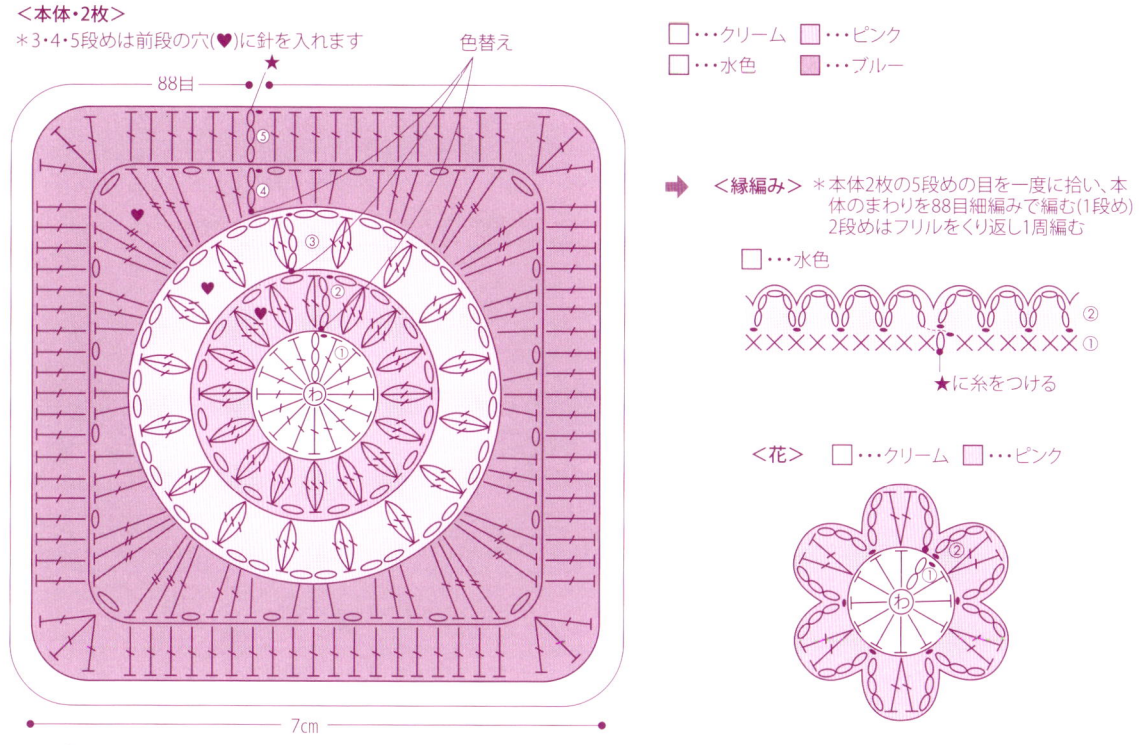

<縁編み>　＊本体2枚の5段めの目を一度に拾い、本体のまわりを88目細編みで編む(1段め)
2段めはフリルをくり返し1周編む

□…水色

★に糸をつける

<花>　□…クリーム　■…ピンク

7cm

● 作り方 ●

本体
花
クッションをはさむ
縁編み1段め 細編み88目
2枚合わせて編む
縁編み2段め フリル

返し口
0.5cm
本体内布(裏)
返し縫い
8cm
8cm
表に返す
綿
綿を入れ、巻きかがりでとじる
クッション

縫いつける
パールビーズ
花

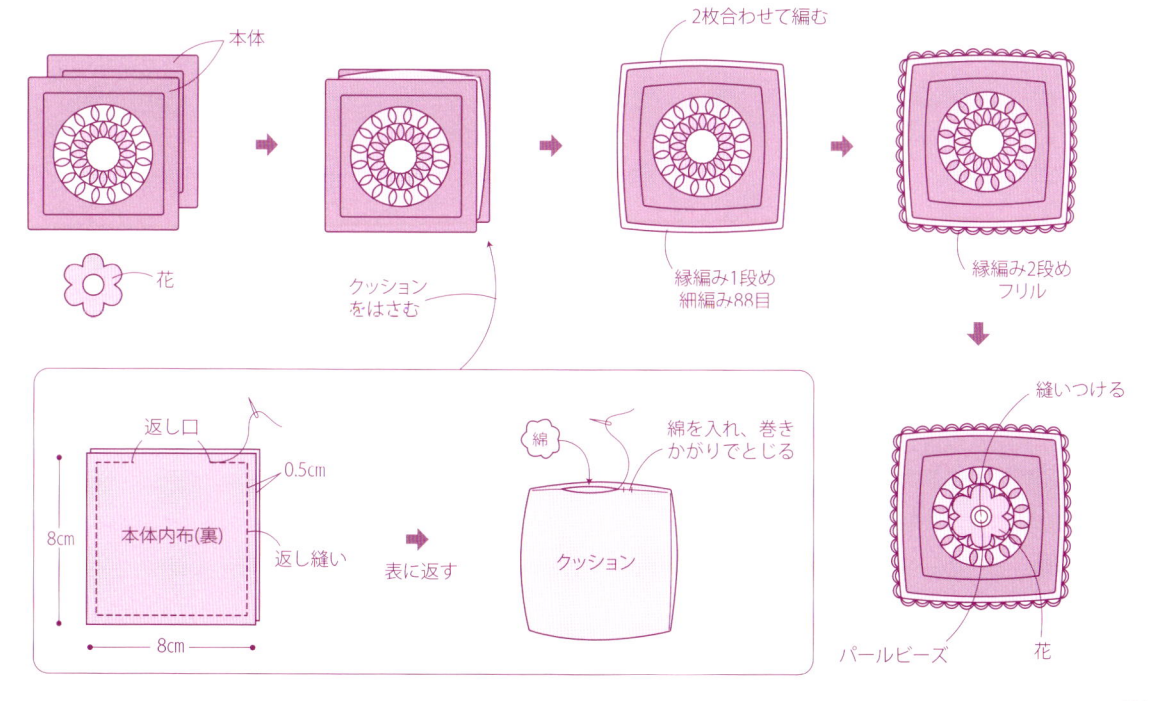

p47 四角いモチーフのバッグ

● 材料・用具 ●

毛糸：[ハマナカわんぱくデニス]水色(47)30g、パープル(49)20g、白(2)15g、ピンク(9)・黄(43) 各適量
5号かぎ針、とじ針　厚手木綿地：ベージュ 45cm×25cm　革の持ち手 薄茶 1cm幅35cm　25番刺しゅう糸：水色 適量

● 編み図 ●

<本体・8枚>
＊3・4・5・6段めは前段の穴(♥)に針を入れます　色替え

□…白　□…パープル　■…ピンク
□…水色　■…黄

<縁編み>
□…パープル
＊はぎ目で1目増す(細編み計88目)
2.脇に糸をつけ、縁を編む
1.巻きかがりでつなぐ

9.5cm

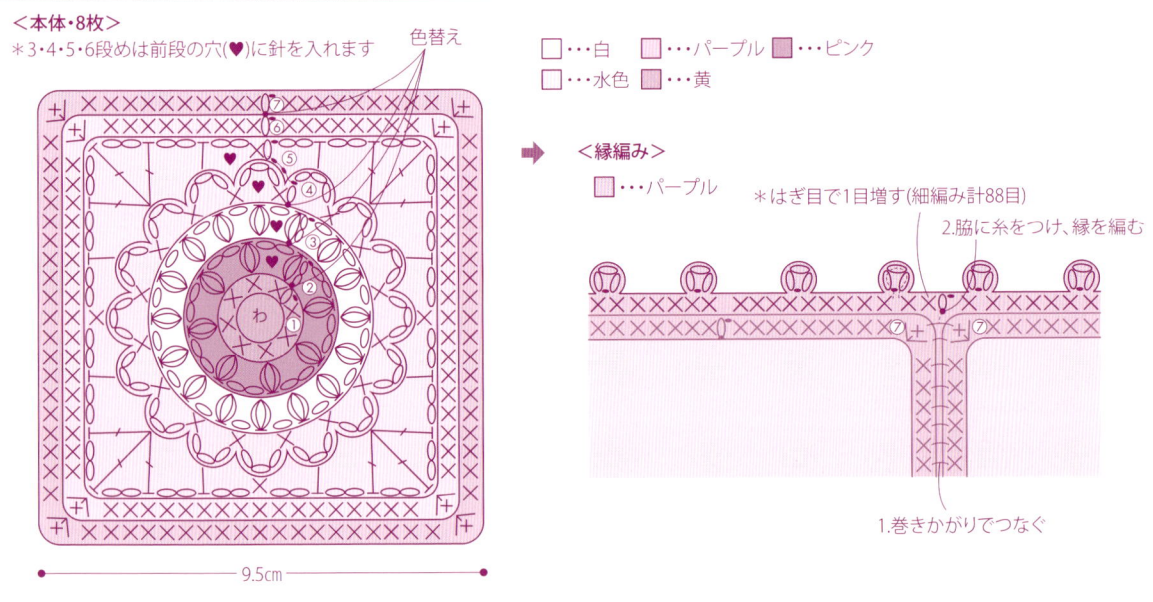

● 作り方 ●

本体内布(裏)　21cm×21cm　1cm　返し縫い
2.入れ口を折る　1cm
1.縫い代を割る
1.本体に内布を入れる
2.入れ口を縫いつける
内布(表)
縁を編む

8枚作る
巻きかがりでつなぐ
巻きかがりでつなぐ
＊2枚作る
2枚を重ね、回りを巻きかがりではぐ

刺しゅう糸 水色・6本で縫いつける
革の持ち手　8cm

72

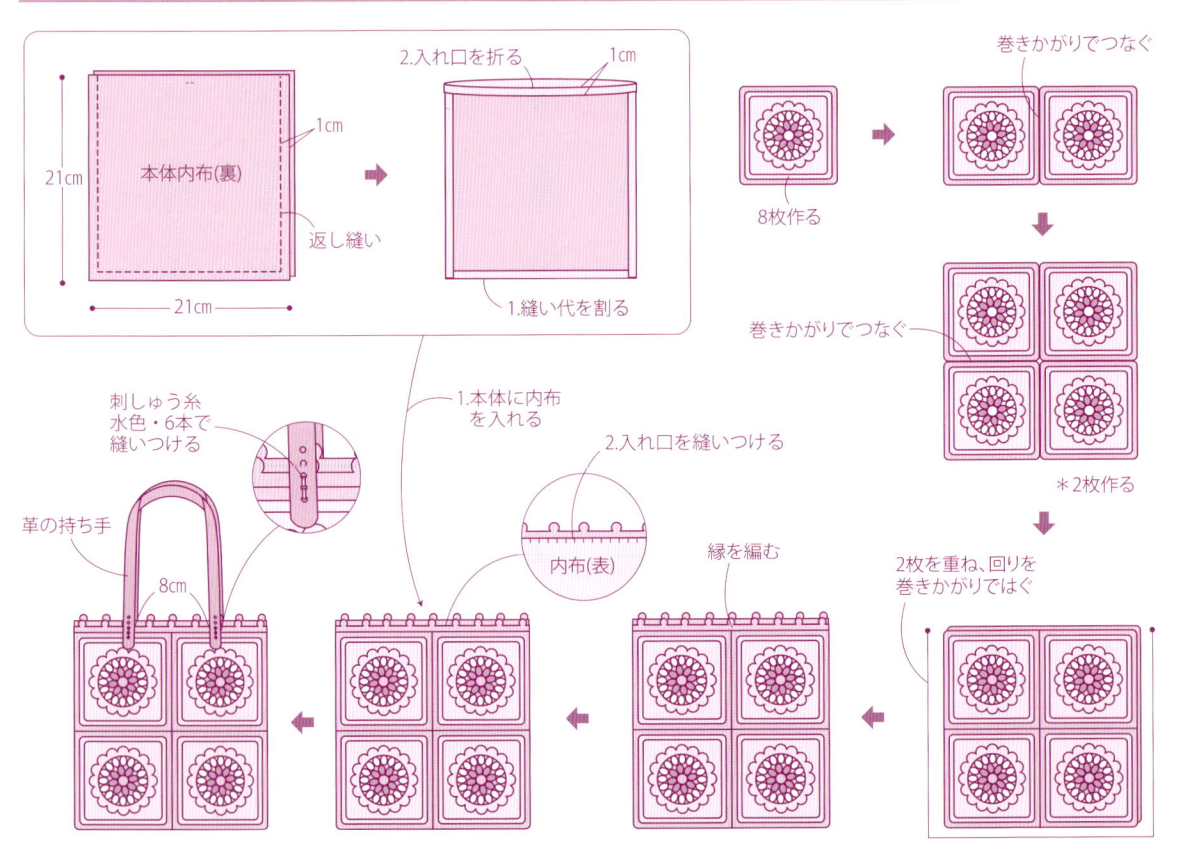

p48 四角いモチーフのペットボトルカバー

● 材料・用具 ●

毛糸：[ハマナカポムビーンズ]ピンク(11)25g、白(2)20g、クリーム(19)・オレンジ(6)・濃いピンク(17)・ブルー(9)・きみどり(4) 各適量
5号かぎ針、とじ針

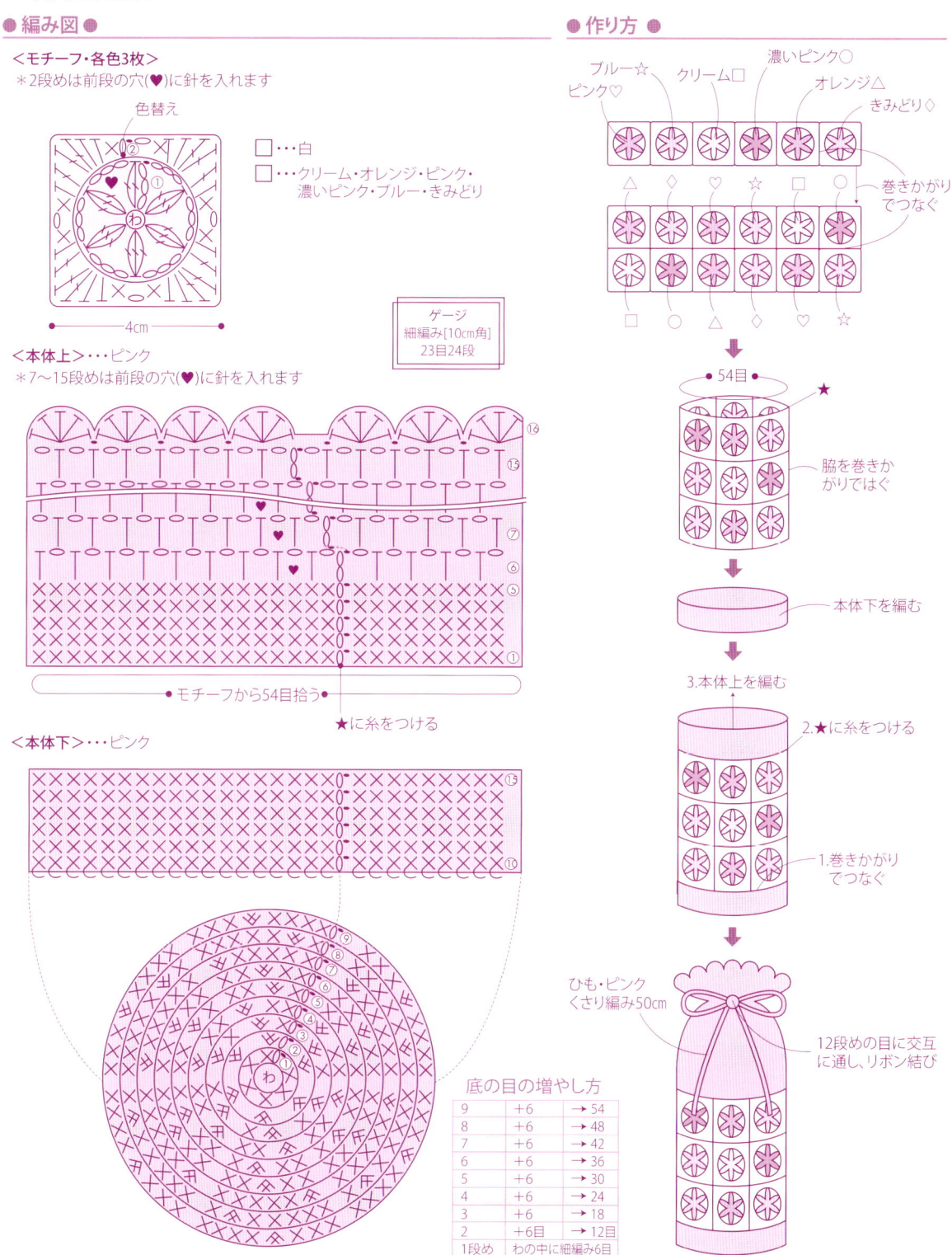

● 編み図 ●

<モチーフ・各色3枚>
＊2段めは前段の穴(♥)に針を入れます

色替え

□…白
□…クリーム・オレンジ・ピンク・濃いピンク・ブルー・きみどり

←4cm→

ゲージ
細編み[10cm角]
23目24段

<本体上>…ピンク
＊7〜15段めは前段の穴(♥)に針を入れます

●モチーフから54目拾う
★に糸をつける

<本体下>…ピンク

底の目の増やし方

段	増減	目数
9	+6	→54
8	+6	→48
7	+6	→42
6	+6	→36
5	+6	→30
4	+6	→24
3	+6	→18
2	+6目	→12
1段め	わの中に細編み6目	

● 作り方 ●

ピンク♡　ブルー☆　クリーム□　濃いピンク○　オレンジ△　きみどり◇

巻きかがりでつなぐ

54目

脇を巻きかがりではぐ

本体下を編む

3.本体上を編む

2.★に糸をつける

1.巻きかがりでつなぐ

ひも・ピンク
くさり編み50cm

12段めの目に交互に通し、リボン結び

73

p ⑧ ⑨ ㊿ ㊶ ㊻〜㊾ カラフルなスイーツの立体モチーフ

● 材料・用具 ●

毛糸:[ハマナカピッコロ]白(2)・黄(8)・やまぶき(25)・薄いピンク(4)・ピンク(5)・濃いピンク(22)・赤(6)・水色(12)・ブルー(23)・きみどり(9)・パープル(14)・ベージュ(16)・薄茶(21)・茶(29)・こげ茶(17) 各適量　4号かぎ針、とじ針　化繊綿:各少々
ストラップパーツ:ブルー 1本　キーホルダーパーツ:シルバー 1個　リングパーツ:シルバー・ゴールド 各4個
コード[太さ0.1cm]:ピンク・オレンジ・パープル 各10cm

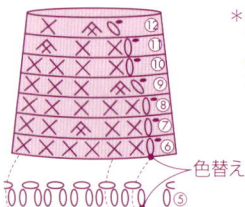

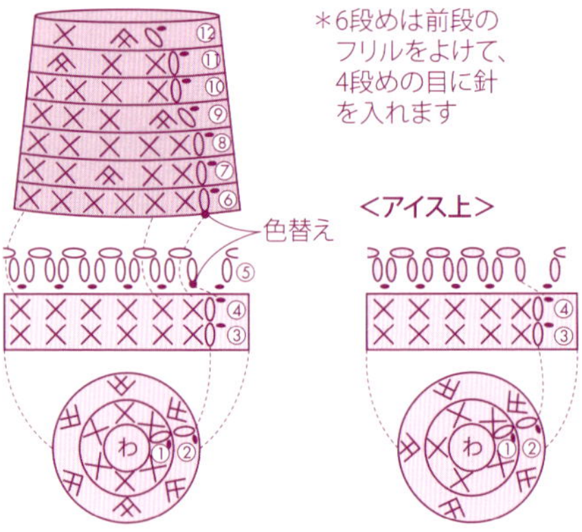

● 編み図 ●

・アイスクリーム・
<アイス下&コーン>
*6段めは前段のフリルをよけ、4段めの目に針を入れます
<アイス上>

・ショートケーキ・
<ケーキ上・底>
←くさり編み7目→
<いちご>
■…赤
■…きみどり
<ケーキ側面>
色替え
←くさり編み23目→
<クリーム上>
□…白

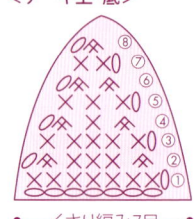

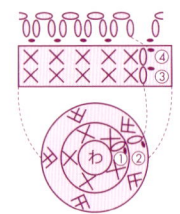

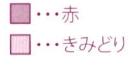

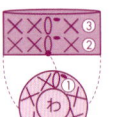

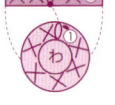

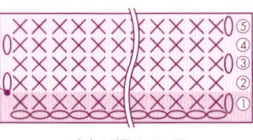

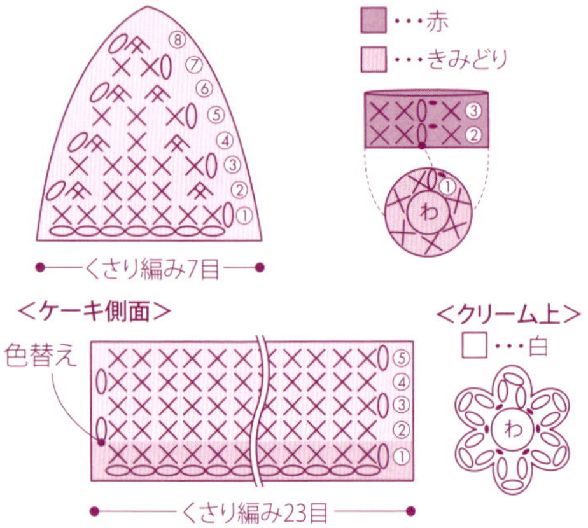

・マカロン・
□…白
■…薄いピンク・やまぶき・水色・パープル・糸
*6段めは前段のフリルをよけ、4段めの目に針を入れます
色替え

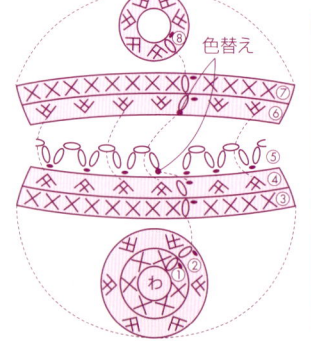

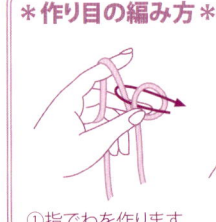

● 作り方 ●

・アイスクリーム・
綿　しぼる　アイス上
アイス下&コーン　綿
フレンチナッツステッチ(白・1本)
縫いつける
薄茶

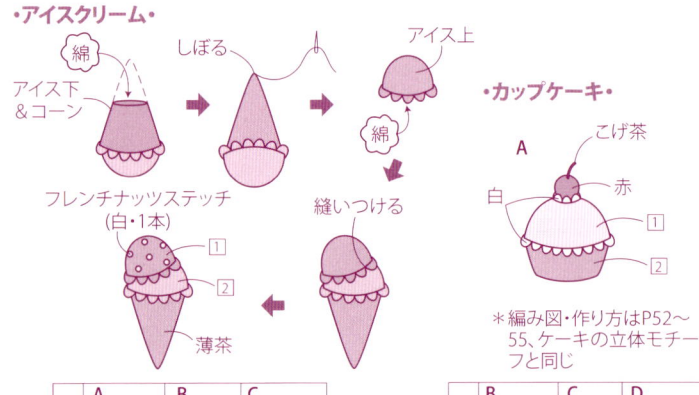

・カップケーキ・
A
白　こげ茶　赤
*編み図・作り方はP52〜55、ケーキの立体モチーフと同じ

	A	B	C
①	ピンク	黄	パープル
②	やまぶき	きみどり	ピンク

	B	C	D
①	黄	水色	パープル
②	やまぶき	ブルー	ピンク

・ショートケーキ・
ケーキ上　巻きかがり　縫いつける　クリーム上
綿　ケーキ側面　巻きかがり　1段
ケーキ底　しぼる　いちご　クリーム下・白　くさり編み27目
縫いつける

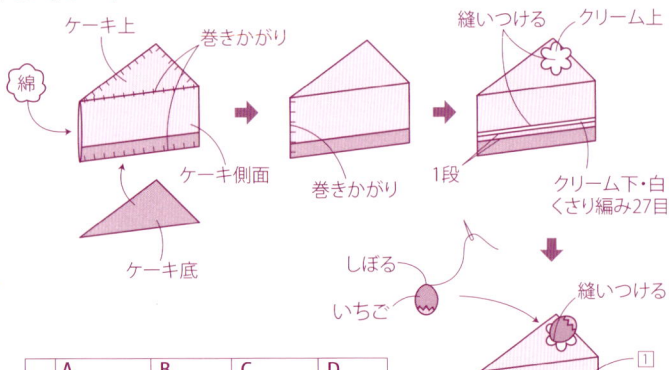

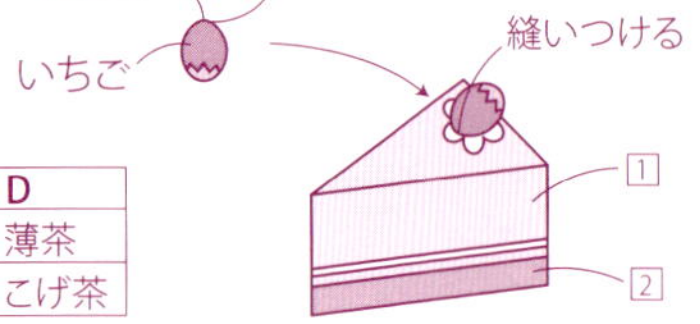

	A	B	C	D
①	薄いピンク	黄	パープル	薄茶
②	濃いピンク	やまぶき	ピンク	こげ茶

・マカロン・
綿　しぼる

作り目の編み方

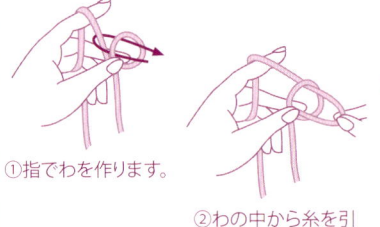

①指でわを作ります。
②わの中から糸を引き出します。
③②に針を通し、糸を引き締め、針に糸をかけます。
④そのまま引き抜き、くさり編みが1目編めました。
⑤④をくり返し、必要目数編みます。

p59 ミニバッグ＆アクセサリーアレンジ

● 材料・用具 ●

毛糸：[ハマナカカナディアンスリーエス]白(1)・黄(10)・グリーン(7) 各25g
10号かぎ針、とじ針

● 編み図 ●

<本体>

ゲージ
細編み[10cm角]
11目12段

<持ち手・2枚>
14cm
くさり編み15目

本体の目の増やし方

段	増減	目数
11	±0	→ 34
10	+2	→ 34
8・9	±0	→ 32
7	+2	→ 32
6	±0	→ 30
5	+2	→ 30
4	±0	→ 28
3	+2	→ 28
2	±0	→ 26
1段め	+14目	→ 26目
作り目	くさり編み12目	

編みはじめ
くさり編み12目

● 作り方 ●

持ち手
本体
2目
縫いつける

アクセサリーアレンジ

C — 端の目に通す
ストラップパーツ
D — キーホルダーパーツ
端の目に通す
A — シルバー
B
C
ボンドで貼る
リングパーツ ゴールド
D — ゴールド
A — シルバー
パープル

コード パープル
パープル
D
バッグ グリーン

ピンクッション

B
A
シルバー

コード オレンジ
B
A
バッグ 黄

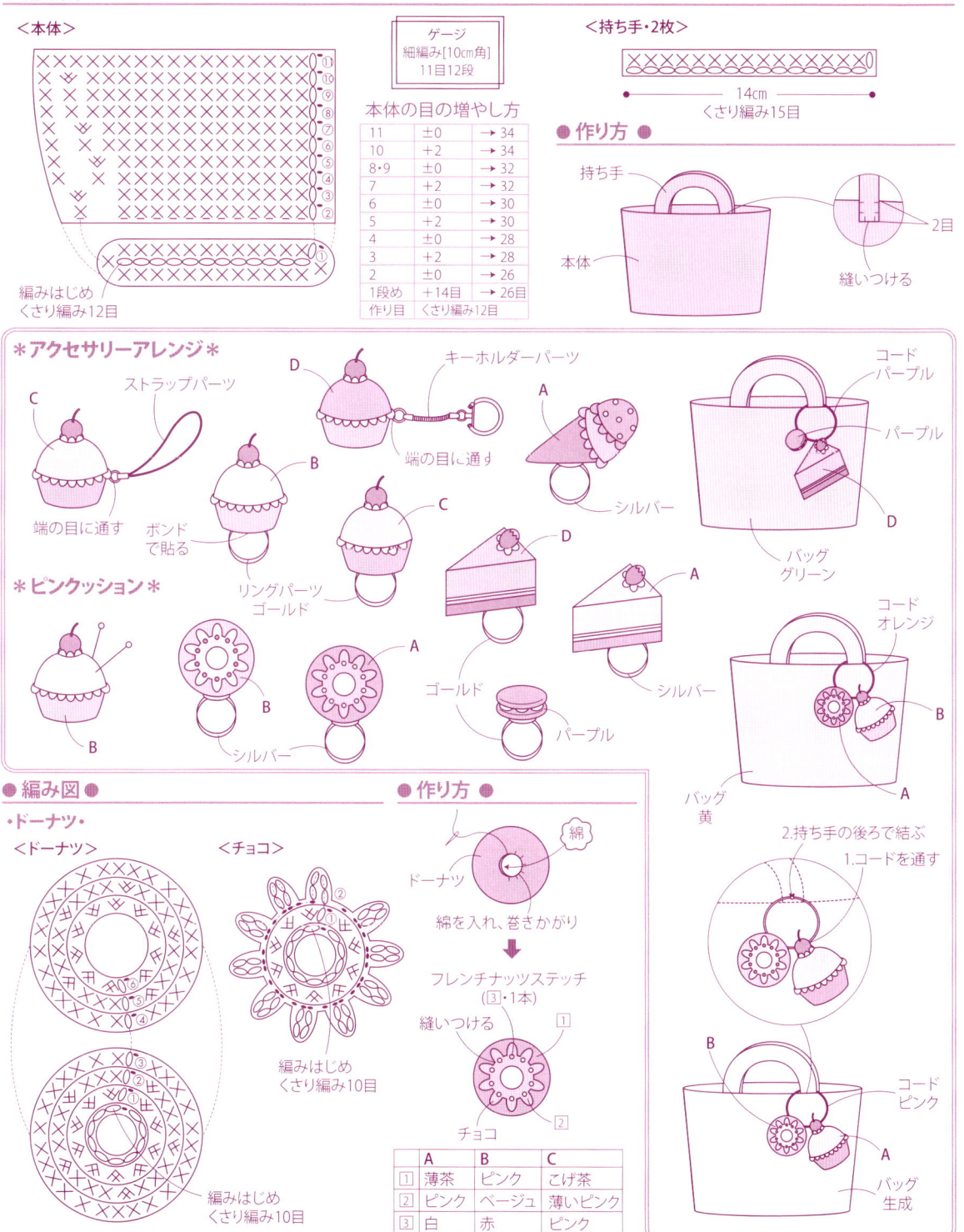

● 編み図 ●

・ドーナツ・

<ドーナツ>
<チョコ>

編みはじめ くさり編み10目
編みはじめ くさり編み10目

● 作り方 ●

ドーナツ
綿
綿を入れ、巻きかがり
フレンチナッツステッチ
(3・1本)
縫いつける
チョコ

2.持ち手の後ろで結ぶ
1.コードを通す

コード ピンク
A
B
バッグ 生成

	A	B	C
1	薄茶	ピンク	こげ茶
2	ピンク	ベージュ	薄いピンク
3	白	赤	ピンク

p8 60 きのこモチーフ＆きのこモチーフのネックレス

● 材料・用具 ●

毛糸：[ハマナカわんぱくデニス]黄(43)・ピンク(9)・赤(10)・水色(47)・きみどり(53)・パープル(49)・エンジ(38)・ベージュ(31) 各適量
5号かぎ針、とじ針　化繊綿：適量　革ひも[0.3cm幅]：100cm

● 編み図 ●

＜きのこ上＞…Aピンク・赤・水色・きみどり・パープル・黄
　　　　　　Bエンジ

○＝とばし目(編まずに1目とばします)

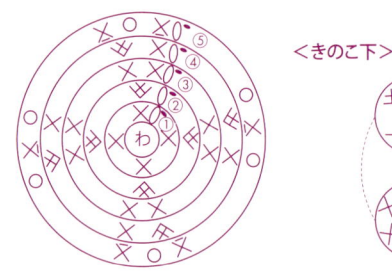

＜きのこ下＞…Aベージュ・B黄

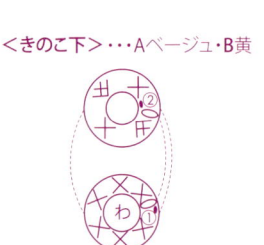

＊アクセサリーアレンジ＊

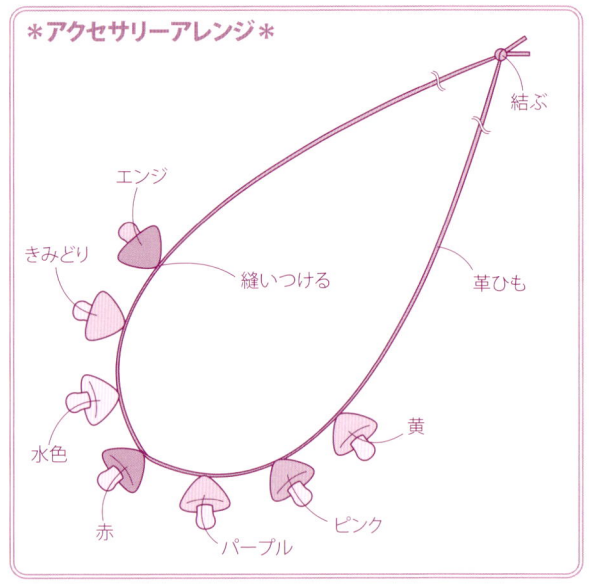

結ぶ / エンジ / きみどり / 縫いつける / 革ひも / 水色 / 黄 / 赤 / パープル / ピンク

● 作り方 ●

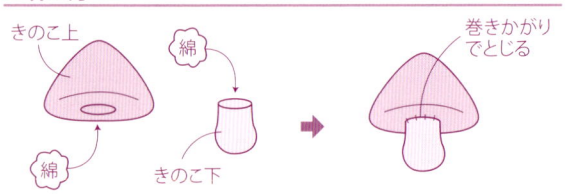

きのこ上 / 綿 / 綿 / きのこ下 / 巻きかがりでとじる

p9 61 いちごモチーフ＆いちごモチーフのネックレス＆ピアス

● 材料・用具 ●

毛糸：[ハマナカフォープライ]赤(335)・きみどり(312)・クリーム(323) 各適量　3号かぎ針、とじ針　化繊綿：適量
ネックレス：ゴールド 45cm 1本　U字ピアス：ゴールド 1組　丸カン：ゴールド5個

● 編み図 ●

＜いちご＞…赤・クリーム

＜へた＞…グリーン

＜葉＞…グリーン

編みはじめ
くさり編み3目

＊アクセサリーアレンジ＊

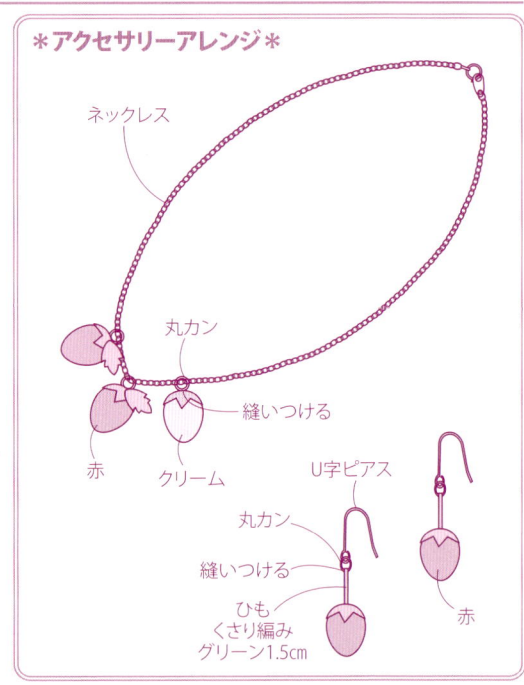

ネックレス / 丸カン / 赤 / クリーム / 縫いつける / U字ピアス / 丸カン / 縫いつける / ひも くさり編み グリーン1.5cm / 赤

● 作り方 ●

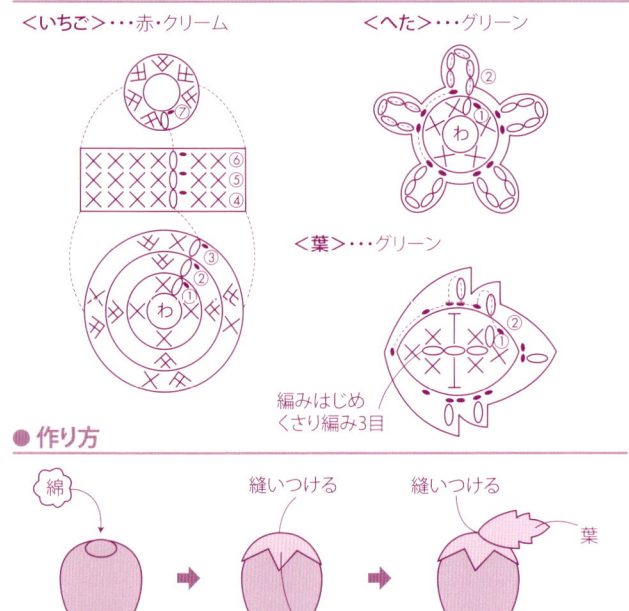

綿 / いちご / 縫いつける / へた / 縫いつける / 葉

76

p9 62 63 ミニベアモチーフ＆アクセサリーアレンジ

● 材料・用具 ●

毛糸：[ハマナカわんぱくデニス]ピンク(9)・グレー(34)・きみどり(53)・紺(11) 各5g　5号かぎ針、とじ針
25番刺しゅう糸：こげ茶・グレー 各適量　化繊綿：適量　レース[1cm幅]：生成・ピンク・紺 各22cm
キーホルダーパーツ：シルバー 1個　ボールチェーン：シルバー 1本　丸カン：シルバー 2個

● 編み図 ●

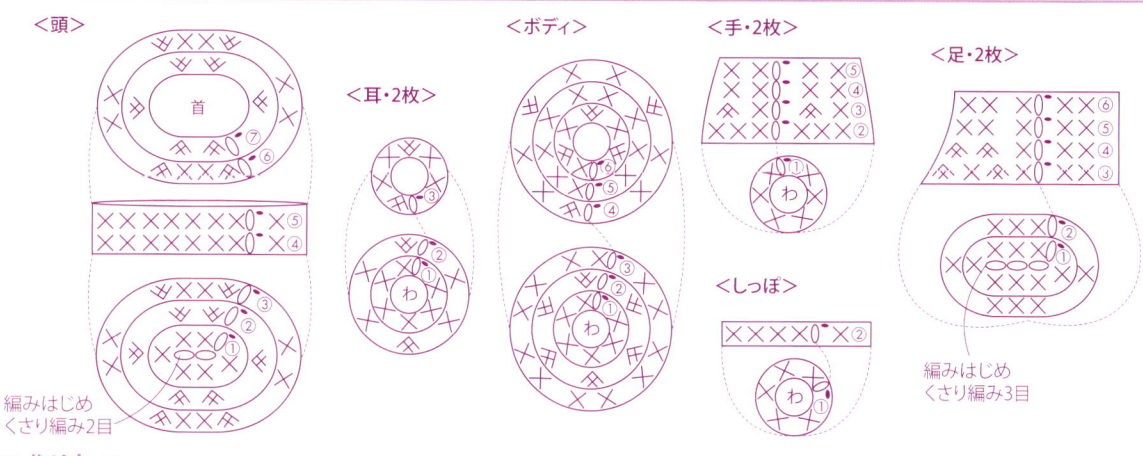

<頭>　<耳・2枚>　<ボディ>　<手・2枚>　<足・2枚>

<しっぽ>

編みはじめ
くさり編み2目

編みはじめ
くさり編み3目

● 作り方 ●

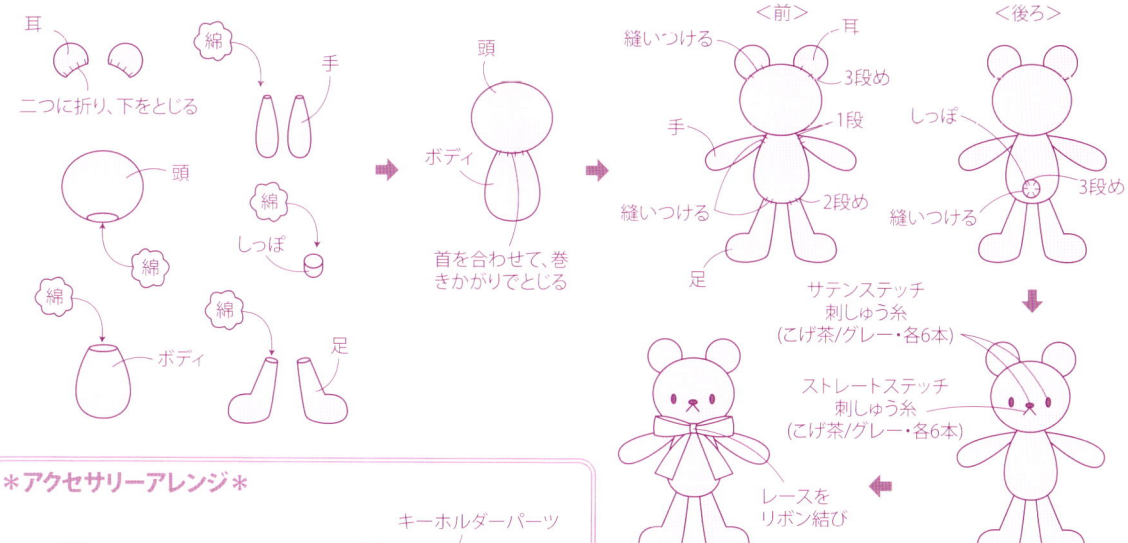

耳　二つに折り、下をとじる

綿　頭

綿　ボディ

綿　手

綿　しっぽ

綿　足

ボディ　頭　首を合わせて、巻きかがりでとじる

<前>　縫いつける　耳　3段め
手　1段
縫いつける　2段め
足

サテンステッチ
刺しゅう糸
(こげ茶/グレー・各6本)

ストレートステッチ
刺しゅう糸
(こげ茶/グレー・各6本)

レースを
リボン結び

<後ろ>　しっぽ　3段め
縫いつける

＊アクセサリーアレンジ＊

ボールチェーン　端の目に丸カンを通す

キーホルダーパーツ　端の目に丸カンを通す

きみどり　紺

＊この本で使われている刺しゅうの仕方＊

・サテンステッチ・
3出　1出　2入

・ストレートステッチ・
1出
3出　2入

・フレンチナッツステッチ・
1出　2入

p6 星のモチーフ
● 材料・用具 ●

毛糸：[ハマナカピッコロ]黄(8)・やまぶき(25) 各適量
4号かぎ針、とじ針

● 編み図 ●

p6 ツリーのモチーフ
● 材料・用具 ●

毛糸：[ハマナカピッコロ]きみどり(9)・グリーン(24)・薄茶(21) 各適量
4号かぎ針、とじ針

● 編み図 ●

□…きみどり・グリーン
■…薄茶

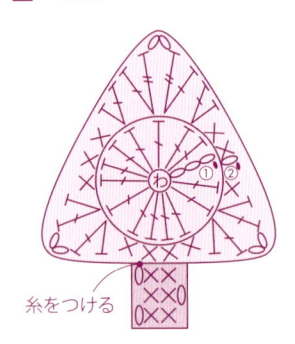

糸をつける

p6 いちごのモチーフ
● 材料・用具 ●

毛糸：[ハマナカピッコロ]ピンク(5)・赤(6)・きみどり(9)・グリーン(24) 各適量
4号かぎ針、とじ針

● 編み図 ●

□…Aピンク・B赤　■…Aきみどり・Bグリーン

<葉>　<いちご>

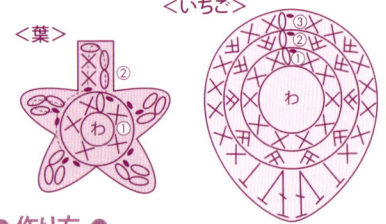

● 作り方 ●

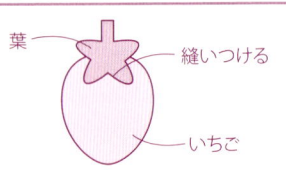

葉　縫いつける
いちご

p7 ちょうちょうのモチーフ
● 材料・用具 ●

毛糸：[ハマナカピッコロ]やまぶき(25)・ピンク(4)・ブルー(12)・ベージュ(16) 各適量
4号かぎ針、とじ針

● 編み図 ●

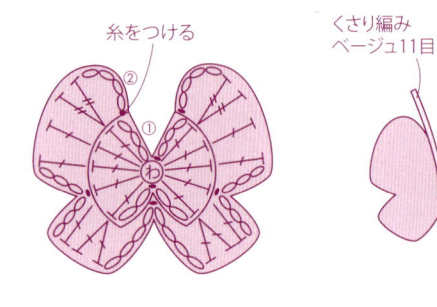

糸をつける

● 作り方 ●

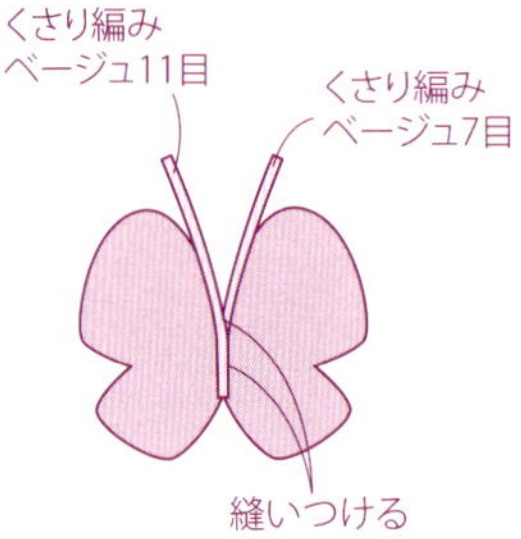

くさり編みベージュ11目
くさり編みベージュ7目
縫いつける

p7 あひるのモチーフ
● 材料・用具 ●

毛糸：[ハマナカポムポムビーンズ]クリーム(19)・ピンク(11)・ブルー(9)・きみどり(4)・オレンジ(8)・こげ茶(15) 各適量
5号かぎ針、とじ針

● 編み図 ●

□…Aクリーム・Bピンク・Cブルー・Dきみどり
■…Aオレンジ・B～Dクリーム

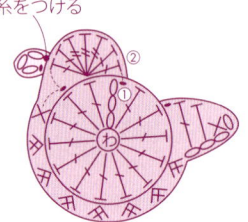

糸をつける

● 作り方 ●

刺しゅう
ストレートステッチ
(こげ茶・1本)

p7 リボンのモチーフ
● 材料・用具 ●

毛糸：[ハマナカピッコロ]やまぶき(25)・ピンク(22)・ベージュ(16) 各適量
4号かぎ針、とじ針

● 編み図 ●

<リボン上>
くさり編み30目

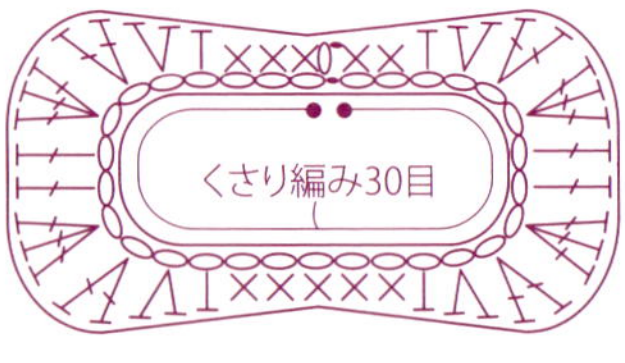

<リボン中心>
くさり編み7目

<リボン下>
くさり編み30目

● 作り方 ●

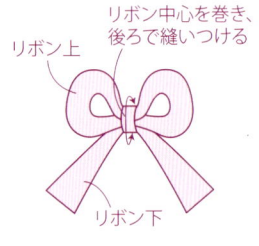

リボン中心を巻き、後ろで縫いつける
リボン上
リボン下

p9 帽子のモチーフ

● 材料・用具 ●

毛糸：[ハマナカウオッシュコットン<クロッシェ>]水色(109)・白(102) 各適量　3号かぎ針、とじ針

● 編み図 ●

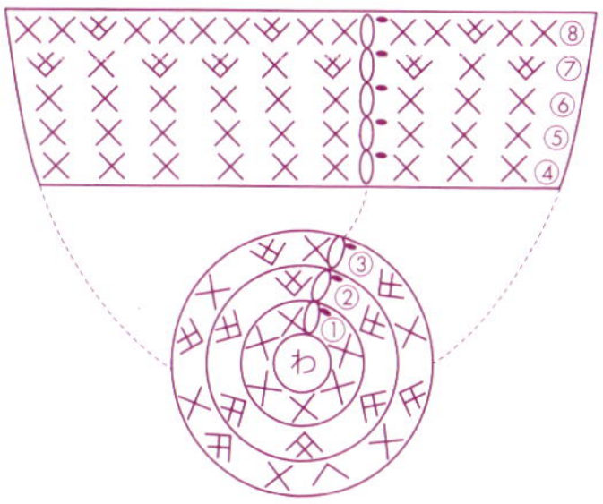

● 作り方 ●

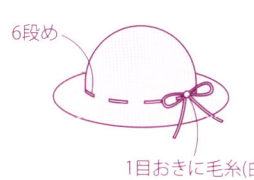

6段め

1目おきに毛糸(白)を通し、リボン結び

p9 バッグのモチーフ

● 材料・用具 ●

毛糸：[ハマナカウオッシュコットン<クロッシェ>]水色(109)・白(102) 各適量　3号かぎ針、とじ針

● 編み図 ●

<バッグ>

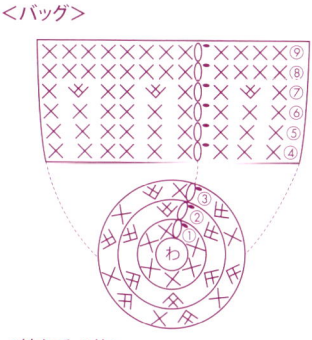

<持ち手・2枚>

くさり編み12目

● 作り方 ●

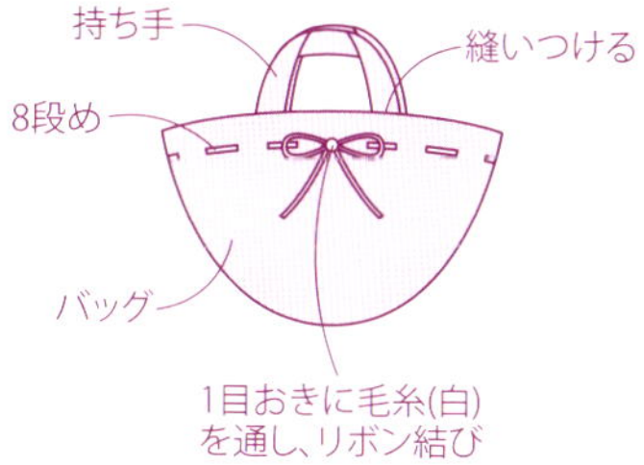

持ち手　縫いつける
8段め
バッグ

1目おきに毛糸(白)を通し、リボン結び

p9 うきわのモチーフ

● 材料・用具 ●

毛糸：[ハマナカウオッシュコットン<クロッシェ>]水色(109)・白(102)・きみどり(107) 各適量　3号かぎ針、とじ針　化繊綿：少々

● 編み図 ●

□…白　□…水色　□…きみどり

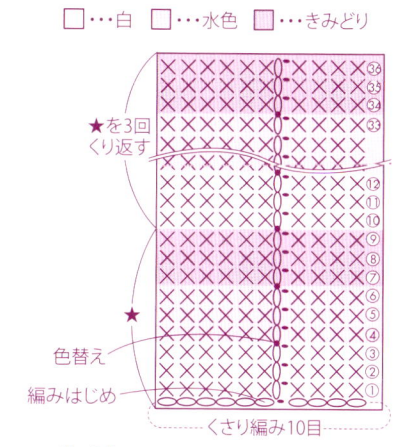

★を3回くり返す

色替え
編みはじめ

くさり編み10目

● 作り方 ●

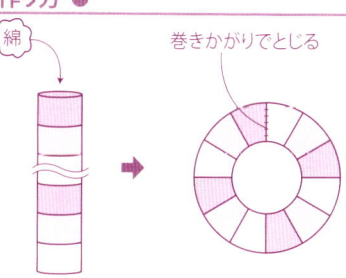

綿

巻きかがりでとじる

この本で使われている編み目記号

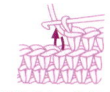

✕ すじ編み
①前段の向こう側の目を1本すくいます。
②針に糸をかけ、引き抜きます。
③針に糸をかけます。
④1度に引き抜き、すじ編み1目編めました。

✕ 細編み裏引き上げ編み
①前段の目に裏側から矢印のように針を入れます。
②針に糸をかけ、引き抜きます。
③針に糸をかけます。
④1度に引き抜き、細編み裏引き上げ編み1目編めました。

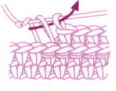

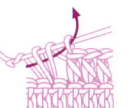

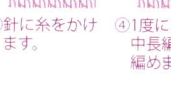

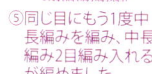

◯ 中長編み2目玉編み / ◯ 4目玉編み
①針に糸をかけ、前段の目に針を入れます。
②針に糸をかけ、引き抜きます。
③針に糸をかけます。
④同じ目に針を入れ、糸をかけ、引き抜き、針に糸をかけます。
⑤1度に引き抜き、中長編み2目玉編みが編めました。
①②を4回くり返し、針に糸をかけ、1度に引き抜き、長編み4目玉編みが編めました。

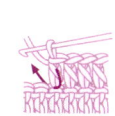

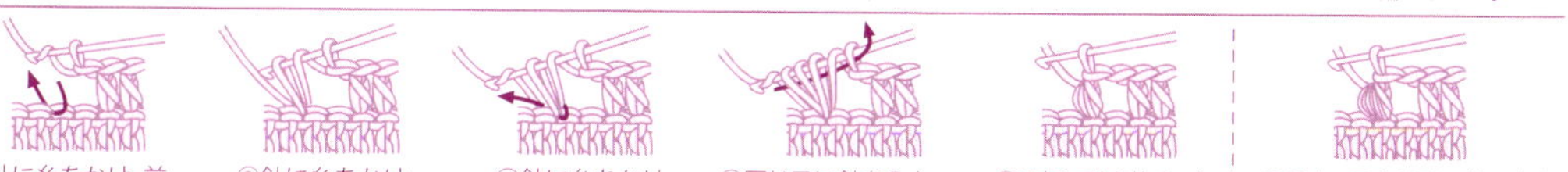

T 長々編み / V 長々編み2目編み入れる
①針に糸を2回かけ、前段の目に針を入れます。
②針に糸をかけ、引き抜きます。
③2目引き抜き、針に糸をかけます。
④もう1度2目引き抜き、針に糸をかけます。
⑤1度に引き抜き、長々編みが1目編めました。
同じ目に長々編みを2目編み、長々編み2目編み入れるが編めました。

79

著者プロフィール

寺西恵里子
てらにし えりこ

(株)サンリオに勤務し、子ども向けの商品の企画デザインを担当。退社後も"HAPPINESS FOR KIDS"をテーマに手芸、料理、工作を中心に手作りのある生活を幅広くプロデュース。その創作活動の場は、実用書、女性誌、子ども雑誌、テレビと多方面に広がり、手作りを提案する著作物は400冊を超える。

http://www.teranishi-eriko.co.jp

寺西恵里子の本

『かぎ針編みで作るベビーニット』(小社刊)　『栄養満点! ママらくちん! 毎日のお弁当』(辰巳出版)
『心に残る手作りひとことカード』(PHP研究所)　『チラシで作るバスケット』(NHK出版)
『3歳からのお手伝い』(河出書房)　『広告ちらしでつくるインテリア小物』(主婦と生活社)
『こどもの折り紙あそび』(ブティック社)　『365日子どもが夢中になるあそび』(祥伝社)
『0・1・2歳のあそびと環境』(フレーベル館)　『ねんどでつくるスイーツ&サンリオキャラクター』(サンリオ)
『折り紙12ヶ月』(汐文社)　『はじめてのクッキング!』(小峰書店)

協賛メーカー
ハマナカ株式会社
■京都本社　〒616-8585 京都市右京区花園薮ノ下町2番地の3　　TEL/075(463)5151(代)　FAX/075(463)5159
■東京支社　〒103-0007 東京都中央区日本橋浜町1丁目11番地10号　TEL/03(3864)5151(代)　FAX/03(3864)5150
　ハマナカHP　http://www.hamanaka.co.jp　　e-mailアドレス　iweb@hamanaka.co.jp

撮影	奥谷仁
デザイン	ネクサスデザイン
カバーデザイン	サイクルデザイン
作品制作	鈴木由紀　森留美子　関亜紀子　室井佑季子
作り方まとめ	鈴木凛
校閲	校正舎 楷の木
進行	鏑木香緒里(辰巳出版株式会社)

かぎ針で編むかわいいモチーフ

2012年11月10日 初版第1刷発行
2021年 1月30日 初版第13刷発行

著者●寺西恵里子
発行者●廣瀬和二
発行所●株式会社 日東書院本社
〒160-0022　東京都新宿区新宿2丁目15番14号　辰巳ビル
TEL●03-5360-7522(代表)　FAX●03-5360-8951(販売部)
振替●00180-0-705733　URL●http://www.TG-NET.co.jp

印刷●大日本印刷株式会社　製本所●株式会社セイコーバインダリー

本書の無断複写複製(コピー)は、著作権上での例外を除き、著作者、出版社の権利侵害となります。
乱丁・落丁はお取り替えいたします。小社販売部までご連絡ください。
© Eriko Teranishi2012,Printed in Japan　ISBN 978-4-528-01303-2　C2077